学童保育と作業療法士の
コラボレーション

学童期の感覚統合遊び

監修● 太田篤志
Atsushi Ota

編著● 森川芳彦 × 角野いずみ
豊島真弓 × 鍋倉 功
松村エリ × 山本 隆

Yoshihiko Morikawa / Izumi Kadono
Mayumi Toyoshima / Isao Nabekura
Eri Matsumura / Takashi Yamamoto

クリエイツかもがわ
CREATES KAMOGAWA

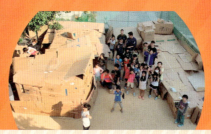

はじめに

　学童期の子どもは、活き活きとしていて、エネルギーに満ちあふれています。幼児期に比べると、カラダつきはしっかりして、カラダの使い方もダイナミックになります。想像力は豊かであり、自分の思い描いていることを表現できるようになります。また、子ども同士のやり取りの中で、コミュニケーションをする力を高めていきます。

　学童保育は、働いている保護者から、このような時期の子どもを放課後に預かる場です。それだけでなく、生活と遊びを通して、子どもの成長を育む場でもあります。1年生から6年生までの子どもが同じところで過ごしており、他児や指導員と関わり合いながら生活しています。子どもはルールや規範意識を身につけたり、行事や当番活動といった役割を担うことで、自主性や社会性を伸ばしています。

　また、学童保育には、支援の必要な子どもも生活しています。昨今、幼稚園・保育所、学校において、そのような子どもに対して、教師や保育士と外部の専門家が連携して支援をしています。学童保育においても同じような取り組みが広がりつつあります。外部の専門家の一員に子ども領域の作業療法士（OT）がいます。作業療法士は、子どもの生活と遊びを見ることができる専門職です。作業療法士は、とくに遊びを大切にしており、子どもが夢中になって遊ぶことにより、よりよく成長することを知っています。

　本書で紹介する感覚統合理論は、作業療法士が子どもの状態を理解するときに用いられる理論の一つです。これは脳の働きの視点から人の行動を捉えようとしています。普段、あまり気にすることのない感覚に関する知識を深く学ぶことができます。

　Part1では、学童保育の指導員から見た遊びを理解することができるでしょう。

　Part2では、感覚統合理論について紹介しています。遊びの中に、子どもの成長を助ける感覚や運動の要素が備わっていることを理解することができるでしょう。

　Part3では、外遊び、室内遊び、伝承遊びの3つに遊びを分けて紹介しています。学童保育で行われている遊びの具体例を挙げ、その遊びについて作業療法士の視点で遊びを分析しています。感覚統合に困難さをもつ子どもの中には、感覚の過敏さに困っている子どもや逆に感覚刺激を求めている子ども、カラダの使い方や手先が不器用な子どもがいます。このような子どもに対して、遊びの中でどのように支援すればよいのかについても紹介しています。また、遊びのアレンジの仕方も提示したので、ぜひ参考にして実践していただければと思います。

　最後になりましたが、読者の方々が、本書から遊びのヒントを学ぶことで、子どもの毎日の生活や遊びが楽しいものになり、健やかに発達していくことを心より願っています。

2019年10月

編著者を代表して　森川　芳彦

感覚統合の感覚要素と遊びの分類

前庭感覚

外
ブランコ…74

触覚

外
土遊び・穴掘り…46

固有受容感覚

室
スライム遊び…124

感覚統合の運動要素と遊びの分類

a) 保ち支える（姿勢保持・バランス）

外
土遊び・穴掘り…46

外
缶ぽっくり・竹馬…54

外
馬飛び…58

外
Sけん…62

外
一輪車…66

室
大根抜き…100

室
おしくら
まんじゅう…108

室
新聞じゃんけん
遊び…112

外 ドッジボール…70 ／ 外 ブランコ…74 ／ 外 段ボール遊び…86 ／ 室 かまぼこ落とし…120 ／ 伝 ゴム跳び…146 ／ 伝 縄跳び…150 ／ 伝 皿回し…158

b) 使いこなす（身体図式）

外
ジャングルジム…78

外
イロハニこんぺいとう…82

外室
段ボール遊び…86

室
かまぼこ落とし…120

外 土遊び・穴掘り…46 ／ 外 一輪車…66 ／ 室 おしくらまんじゅう…106 ／ 伝 大縄跳び…154 ／ 伝 皿回し…158

c）ほどよく使う（力加減）

 外 泥団子…50
 外 Sけん…62
 室 積み木・カプラ…96
 伝 けん玉…142
 伝 皿回し…158

- 室 割りばし鉄砲…128 ／ 伝 お手玉…134 ／ 伝 コマ…138

d）同時に滑らかに動かす（両側協調・順序立て）

 外 馬飛び…58
 外 ドッジボール…70
 室 折り紙・紙飛行機…92
 室 手合わせ遊び…104

 室 新聞基地遊び…116
 室 割りばし鉄砲…128
 室 お手玉…134
 伝 コマ…138

 伝 けん玉…142
 伝 ゴム跳び…146
 伝 縄跳び…150
 伝 大縄跳び…154

- 外 缶ぽっくり・竹馬…54 ／ 外 一輪車…66 ／ 外 ブランコ…74
- 外 ジャングルジム…78 ／ 室 積み木・カプラ…94 ／ 室 新聞じゃんけん遊び…112
- 室 スライム遊び…124 ／ 伝 皿回し…158

＊ 外 ＝外遊び。 室 ＝室内遊び。 伝 ＝伝承遊び。
＊（遊び名＋写真）優位な運動要素の遊び、遊び名のみは第2優位の運動要素の遊び。

監修者からのメッセージ

　なにかの遊びがもっと上手になりたくて一心不乱にチャレンジしている子ども、小川に足をつけ冷たい感触を楽しんでいる子ども、子どもたちが遊びに没頭している姿は、さまざまです。そして、子どもたちの自由な発想から生み出された遊びは、ひょっとすると大人にとっては、不都合な"いたずら"のような遊びであったり、繰り返し穴を掘り続けるような一見、無意味に思える遊びもあるでしょう。しかし、子どもたちにとって遊びとは、誰かに評価されるためでなく、自分のために、自由に取り組む、創造的で生きいきとした活動なのです。このような遊びに取り組んでいるとき、感覚統合の機能が高まっていくと考えられています。

　感覚統合とは、子どもが自分のカラダと環境を創造的かつ、効果的に取り扱うための脳の機能で、子どもたちが主体的、能動的に環境に関わっているときに、最も発達していくと考えられています。すなわち、子どもたちにとって意味のある遊びに携わっているときに感覚統合が育まれますし、感覚統合の育みによって、子どもたちが遊びへ没頭することを支え、学童期という人生においてもっとも遊びが充実する時期を謳歌することに貢献しているのです。

　感覚統合理論は、子どもたちの感覚や運動スキルの発達促進のための手段として遊びを用いることがあります。本書の読者の方も、そのような意図で本書を手に取られた方も多いと思います。確かに遊びには、多くの感覚統合の要素が含まれていますが、その要素を断片的に子どもたちに提供するだけでは、子どもの育ちを支えることはできません。感覚統合を用いた支援が目指している"自分にとって楽しい遊びが充実し、やりたいことに満ちたアニマシオンな日々"を提供することができるよう本書を活用していただけると幸いです。

　2019年10月

株式会社アニマシオン・プレイジム　代表　太田　篤志

Part 1

学童保育と放課後の遊び

1 子どもの放課後と遊び

子どもの放課後と原風景

　「いつもの場所」にあちこちからパラパラと「いつもの顔」が集まってくる。だいたい頭数がそろって、「じゃあ、何して遊ぼうか？」となったとき、ごくふつうに「缶けりしない？」などと提案してもいいのだが、これではつまらない。やはり「いつものお約束」からスタートしないと、「みんなで遊ぶぞっ！」という感じが出ないのだ。アイデアを思いついたら、すかさず人差し指を高く掲げ、次のように大声で歌おう。「か〜んけ〜りす〜るもの　こ〜のゆ〜び　と〜まれっ！　は〜やくしないと　ゆ〜び切るぞっ！[(1)]」

　学童保育には、学校が終わった1年生から6年生までがパラパラと帰ってきます。帰ってきた子どもが増えてくると、どこからともなく「〇〇しよう！」「〇〇する人この指と〜まれっ！」と声をかけ合い、仲間を集めて遊び始めるのです。

　ある秋の夕方、毎日毎日こま遊びに夢中になっていた4年生男子とこんなおしゃべりをしました。

> 子「なべ〜（指導員＝私の愛称）今何時？」
> 私「5時」
> 子「あと（暗くなるまで）30分ある！」
> 私「さっき3時20分って言ったときは『めっちゃある』って言ってたんやけどなー」
> 子「そうやん!!　めっちゃ早い！　もう1時間半もたったったい!!」

　夢中になって仲間と一緒に遊ぶ時間は、あっという間に過ぎていきます。こま遊びが大好きな彼は、こまを回すひもが切れてしまい新しくひもを買う時に、ひもの束を見て思わず「宝の山やん！」と叫んだこともありました。大好きな遊び道具はもう宝物なのです。

　いつもの子どもたちがいつもの公園に集まって「いつものお約束」で遊び始め、暗くなるまで夢中になってたっぷり遊んで、最後は「またあした！」。誰もがもっているはずの、そんな「宝物のような放課後」の原風景。ところが今の放課後は、ちょっと様子が違っているようです。

今の放課後と遊びの変化

● 「放課後の自由な時間」が"奪われて"いる!?

　今の子どもたちは1年生から6時間授業、中学年以上になれば7時間授業だってある学校もあります。そうなると放課後に遊ぶ時間はあまりありません。2年生男子が、ふと「あー、3年生になりたくない」なんて言い出すと、もう1人の同級生も「ボクもなりたくなーい」と言い始めました。

> 私　「なんで、なりたくないん？」
> 子①「だって6時間目まであるやん。2年生は5時間（授業）やけど、週1回は6時間（授業）あるけど、3年生はずっと6時間（授業）やとよ。そして時どき7時間もあるとよ」
> 子②「7時間やったら5時からしか遊べんやん」
> 私　「そのくらいになるやろうねー」
> 子①「大学生になったら（？）5時40分やん」

こんなふうに思っている子どもは、きっと少なくはないでしょう。「もっともっと遊びたい！」そんな悲痛な叫びが伝わってきました。

　また、子どもたちは宿題もいっぱい。時に「今日、宿題多いとよ……」と嘆き、時に「宿題少なかったけん！」と喜ぶ子どもたち。ある5年生男子は、宿題のあまりの多さに「子どもは遊ぶ時間のほうが大事やとって‼」と叫びだしたこともありました。

　加えて、子どもたちは習い事もいっぱいです。ある日、「今日7時間授業やったとよ！」「もうすぐ塾に行かんといかん……」と帰ってきて、わずか20分後には身の上をグチグチと話してきた6年生女子。「もっと遊びたい」「遊ぶ時間ないけん」……そんなふうに遊ぶ時間も、そして、ホッと一息つく時間さえ許されない子もいます。

　子どもたちは放課後も"忙しい"のです。そんな忙しい子どもたちは、友だちと遊ぶときには、昔のように「とりあえずあそこに行けば、誰か一緒に遊ぶ仲間がいるだろう」なんてことはなく、「習い事がなくて遊べるかどうか」を確認して、「何時にどこに集合ね」という約束をし、「保護者の許可を得る」という手続きを取らないといけません。遊ぶまでの準備だけでも大変なのです。

● 「遊び場」では今…

　公園の看板を見るとさまざまな禁止があふれています。代表的なものと言えば「ボール遊び（サッカー・野球など）禁止」「大声禁止（静かに遊びましょう）」でしょうか。最近では「子どもの声は騒音か！？」と話題にもなりました。また、看板には「迷惑をかけてはいけません」と添えられています。「（思わず）大声ではしゃぐ」のも「ボールで遊ぶ」のも子どもが子どもである証。まるで子ども自体が迷惑だと言わんばかり……。

　そんな公園にかろうじて集まった子どもたちが、かろうじて遊ぶことと言えば

……すべり台の上や下でゲームやカード。黙々と無言で遊ぶ子どもたち……それはそれでいいのですが……なんだかなーと少しわびしくなってしまいます。

こうして、外での遊び場がない子どもたちは、家の中やマンションのエントランスでゲームやカードで遊ぶのでしょう。

● 「3間」がない

（遊ぶ）「時間」がなく、「空間」（遊び場）がなく、（遊び）「仲間」がいない……。俗に「『3間』がない」とよく言われます。そして、遊ぶことと言えばゲームやカード………。これで子どもたちの育ちは大丈夫なのか？と心配にもなります。

ある3年生男子は、のんびりとおやつを食べながらふと、つぶやきました。

> 子 「俺さ、今考えると学童入っててよかったー」
> 私 「なんで？」
> 子 「学童ってさ、ひといっぱいおるやん」

子どもが集う「たまり場」があって、遊べることはうれしいことなのでしょう。仲間と一緒に遊びたいのです。

「大根抜き」をしていて、最後に残った4年生と3年生の男子。2人が、必至に腕に力を込めて叫んでいた言葉は「"友情"パワー!!」（その後…その友情は女子数人によって情け容赦なく引き裂かれてしまいましたが…笑）毎日毎日、仲間と本気で、力いっぱい遊ぶからこそ、その間に"友情"が芽生えるようにも思います。

今日、豊かな放課後の時間は奪われ、子どもの自由世界は縮小しています。そんな中で、今や学童保育は、子どもの遊びを保障する砦でもあるのです。

2 子どもの発達と遊び

学童保育と子どもの発達

　放課後児童クラブ運営指針（以下、「運営指針」）によると、学童保育（「運営指針」での名称は放課後児童健全育成事業）は「適切な遊び及び生活の場を与え、子どもの状況や発達段階を踏まえながら、その健全な育成を図る」と述べられています[(2)]。

　「子どもたちの状況や発達段階を踏まえ」て……が、なかなか大変なのです。支援員さんの困りごとを聞いていると、カラダや心のおかしさが見えてきます。

- 「（姿勢が保てず）すぐにだら〜っとなる」「転んでも手をつかない」「道具を上手に使えない」（で、ケガをする）「遊具や道具を上手に扱えない」「遊んでいるときに（力加減が上手くできずに）ケガをさせてしまう」
- 「順番を守れない」「勝ちにこだわり過ぎる」「不公平なチーム分けをしたがる」
- 「どうしたらいい？」「何したらいい？」と、いちいち聞いてくる
- 「どうせ……」「もうせん！」なんて最初からあきらめていたり、すぐに投げやりになって遊びをやめたりする

　また、内閣府が2008年に行った「子どもの学校外での学習活動に関する実態調査報告について」によると、日本の子どもは諸外国と比較して、自己肯定感が低いという結果が出ています[(3)]。

　大人はこのような子どもの様子を問題だと捉えますが……子どもたち自身だって「そんな自分になりたい」なんて思っているのでしょうか？

　「こんな自分になりたい！」「こんなことができるようになりたい！」……子どもたちは、そんな「なりたい自分」への願い（発達要求）をもっています。でも、カラダを動かすのが苦手な子もいます。不器用な子もいます。非常に悲しいことですが、もしかしたら「苦手だし……」「どうせできないから……」とあきらめてしまっているだけかもしれません。そんな子どもたちがなりたい自分になることをあきらめずに済むためには？　子どもがワクワクドキドキと心から楽しめる遊びと適切な支援によって、子どもたちはきっとそんな「なりたい自分」になれるはずです。

遊びと発達と感覚統合

「運営指針」には以下のように述べられています。

「遊びは、自発的、自主的に行われるものであり、子どもにとって認識や感情、主体性等の諸能力が統合化される他に代えがたい不可欠な活動である」「子どもは遊びの中で、他者と自己の多様な側面を発見できるようになる。そして、遊びを通じて、他者との共通性と自身の個性とに気付いていく」

また、国連子どもの権利委員会が2016年に出した子どもの権利条約第31条（休息・余暇・遊び・文化的生活、芸術的生活への参加の権利）に対するジェネラルコメント17号にも「遊びが子ども時代の喜びの基本的かつ不可欠な（生死にかかわるほどの）側面であり、かつ、身体的、社会的、思考的、情緒的および精神的発達に不可欠な要素であることを再確認するものである」と述べられています[4]。

遊びが子どもの発達にとって非常に大切だということが明文化されているのです。さて、感覚統合の視点で遊びを分析してみると……遊びは子どものどんな発達を促すのでしょうか？　本書はその手がかりが満載です！

学童期の遊びと感覚統合

学童期の子どもたちの姿と言えば……

- 「横断歩道の白い線だけを踏むように線を見ながら跳んで渡り」
- 「縁石の上を落ちないようにバランスをとって歩き（または走り）」
- 「ガードレールに乗っては落ちないようにゆっくりカニ渡りをして」
- 「塀に登っては跳び下り」
- 「柵を乗り越え、穴が開いていたらくぐり抜け」

- 「『近道』なんて言って狭い路地を通り抜け、しかも、誰かに見つからないように足音を立てないようにしながら」
- 「傘を持てば通り道の溝の穴という穴に先っぽを突っ込みまくり（で、傘の先を折り……）」
- 「石や空き缶を見つけると投げたり、はたまた、蹴りながら歩いたり」
- 「途中で生き物を見つけると、どこまでも追いかけて手や網や、時には帽子までをも駆使して捕まえる」

　学校からの帰り道で、こんな光景を見ることもあるでしょう。また、大人の私たちも子ども時代にこんなことをしていませんでしたか？

　たった数十分程度の帰り道でのちょっとした遊び。そのちょっとした遊びの中でさえ、実は発達を促す栄養がたっぷりと含まれています。ましてや子どもたちはこの後、さらに遊ぶわけです。しかも「やりたいこと」を思う存分、自分で選択しながら。もはや「子どもは放課後に発達する」と言っても過言ではありません。それだけ子どもにとっての放課後の時間は大切です。Part2の感覚統合理論をじ〜っくりと読んでいただいて、「感覚統合」の視点でこれらの遊びを捉えなおしてみてください。きっと「この遊びには、こんな意味があったんだ！」をいっぱい見つけられるはずです。

❸ 「楽しみ」ながら「発達」する

「なりたい自分!」になれる喜び、うれしさ

　秋の夕暮れに一輪車で遊んでいた1年生女子が「一輪車に乗れるようになったよ!」と、うれしそうに伝えてきました。指導員が「壁から手を離して乗れるようになったのか」と思いきや……彼女は続けて「壁(柵)を持って(その場で)乗れるようになったー!」と言ってきました。

　ちょっと拍子抜けもしますが、私は「大人の『できた』と、子どもの『できた』は違うんだな」と思いました。もし、そこで「まだ乗れてない」「そんなのは乗れたと言わない」なんて言ったら、喜びは台無しです。子どもたちは自分で「こんな自分になりたい」とゴールを決めて、そこに到達できたからこそうれしくて、他人からのお仕着せのゴールでは、きっとここまでの喜びは生まれなかったでしょう。今の場所に飽きたり満足できなくなったりしたら、子どもたちはまた自ら次のゴールを決めて、そこに向けて進みたくなるはずです。

　また、同じく1年生の男の子でこんなこともありました。

　1年生の男の子が、上級生に憧れたのか、ほぼ初挑戦のドミノを作り始めました。「動画撮って!」と期待感でワクワクドキドキの彼。しかし結果は……大失敗。全然つながって倒れませんでした。すると彼は地団駄まで踏みながら「動画消して!」と悔しさを露わにしていました。さて、それから、数日後……もう1度ドミノを作ってみた彼。いざ、倒してみると……相変わらず、止まってばかりなのですが、前回よりちょ〜っとだけつながって倒れました。そして、彼は、今度は「もう1回(動画)見せて!」と言ってきました。

「ほんのちょっと」のステップ、ちょっとの手応えだってうれしくて、その喜びを反芻したくなっての「もう1回！」なのだと思います。こんなうれしさがあるからこそ「もう1回したい」が生まれて、「今度はもうちょっと」の背伸びをしたくなるのでしょう。「ほんのちょっと」ってとっても大事なのです。
　うれしいのは「なにかができる」ことだけではありません。

> 　3年間、夏休みには毎年『オンリーワン』に取り組んでいた5年生男子。夏休みになって「（オンリーワン1を）5回はやりたい！」と言っていた彼に、新しく「オンリーワン2」の問題集を作ると、彼は4時間近く夢中になって取り組んでいました。彼は遊んでいる途中「できてめっちゃうれしい」「でも『できた』ことより（問題が）増えたってことがうれしい。新しいのに『（挑戦）できる』ってことがうれしい！」と笑顔で言っていました。

　そんな彼ですが、4年生のときにスケートに行って、下級生に滑り方を教えているとこんなことを言っていました。

> 「教えるっていいやん。その人が上達するとさ。なんか、その人がほめられると自分もほめられた感じになる。自慢になる」

　「挑戦できる」こともうれしい、「教える」こともうれしい。子どもたちは（大人でもそうでしょうが）遊びの中で仲間と交わりながら、いろんなうれしさを感じて、成長して大きくなっていくことが、とってもうれしいことなんだろうなーと思います。

「楽しい！」と「魂（アニマ）」が揺さぶられる遊びの世界を

　「こんな自分になりたい」「やってみたい」……でも、それがと〜っても大変な道のりの時だってあります。それでも前に進もうとする……いや、進みたくなる原動力ってなんなのでしょうか？

> 　高学年合宿当日を迎えて「楽しみ過ぎて昨日からずっと笑いよった」という5年生女子。彼女は、楽しみだったサイクリング中に、引率に来てくれた保護者の名前を呼ぶと……「楽しいーーー!!」と、あふれる楽しさを思わず叫んでいました。

　心から「楽しい！」と感じ、思わず叫んで伝えたくなってしまうほどの時間。彼女は仲間と一緒に、自転車で初めて14kmもの距離を走る大変な活動の中でも「楽しい！」と言うのです。そんな時間だって苦労はしても苦痛にはならないのです。
　また、遊びの世界の中では「しないといけない」はありません。

> 　習ったばかりの平仮名を地面に書き始めた1年生男子。とっても丁寧に地面に大きく書いているのですが……使っているのは長さ1メートルもあるズシンと重たいスコップ!?　大きくて重たいスコップを駆使して、習ったばかりの平仮名をこんなにきれいに書くなんて……素晴らしい！　書いてる文字は……「なべ（支援員の名前）」。
> 　そんな彼を見て、今度は3年生男子も書き始めました。書いた言葉は……「先生バカゴリラ」（笑）さすがは3年生！　ちゃんとカタカナと漢字を使っています（笑）。線の形もバランスも非常に素晴らしい作品でした。

　地面にこんな言葉を書いてどうなるわけでもありません。わざわざ重たいスコップを使わずとも、自分の指でも小さな木の枝ででも書けば楽だし効率的です。はっきり言って"無駄"以外のなにものでもありません。でも遊びってそんなものですよね。
　「おもしろい！」「おもしろそう！」だから遊ぶのです。時に「ちょっと待ってよ！」「そんなふうにするの!?」「ケガしないでよ……」と言いたくもなりますが、重たいスコップを使って、字を書いた彼らにどんな発達が促されたでしょう。子どもたちはそうやって楽しみ、おもしろがりながら遊ぶ中で発達していくのです。

田丸敏高氏は、「発達の時期区分や発達段階は、早く次の時期、次の発達段階に進ませようというためにあるわけではないのです。その時期その時期で子どもが一番楽しめることは何だろうか、ということを考えるための糧にしたいものです」[5]と述べています。

　また、増山均氏は、「アニマ（魂）をイキイキ、ワクワクさせながら自発的、集団的活動をすることによって人間は豊かになるというのです」「いま、日本の子どもたちにとって、もっとも大切なことは、一人ひとりが生活と時間の主人公になって、自分たちの本当にやりたいことから出発して生活と暮らしを築いていくことにあります」[6]と述べています。

　「楽しい！」「やってみたい！」という気持ちがとっても大切なのです。
　そして、そんな子どもたちの傍らにいる私たちの立ち位置ってなんなのでしょう？　レイチェル・カーソン氏は以下のように述べています。

　「わたしたちは、嵐の日も、おだやかな日も、夜も昼も探検にでかけていきます。それは、なにかを教えるためにではなく、いっしょに楽しむためなのです」「生き生きとして新鮮で美しく、驚きと感激にみちあふれてい」る世界と出会い続けるために、「よろこび、感激、神秘などを子どもといっしょに再発見し、感動を分かち合ってくれる大人が、すくなくともひとり、そばにいる必要があります」[7]

　私たち大人や先生と言われる指導者は、どうしても「何かを教えなければならない」「何かを指導しなければならない」と思いがちです。「教えること（教育）」や「指導」ももちろん大事なことで、それを否定はしません。しかし、それ一辺倒になってしまうと、大人の思いばかりが先行してしまい、子どもが感じていることや見ている世界とズレてしまって、当事者の子どもたち自身は、生きていることへの空しさを感じてしまうかもしれません。時には子どもの傍らで、子どもの心に目と耳をじっくりと傾けてみることも必要ではないでしょうか。
　子どもたちが遊んでるとき、子どもたちが「見て見て！」「できた！」「すごいでしょ？」なんて言葉を我先にと……しかも、次から次に言ってくることはないでしょうか。そんな子どもたちに「なになに？」「おぉ！」「すごいね！」なんて応えて、遊びの中での子どもたちの「よろこび、感激、神秘」に分かち合う大人、そして、学童期の子どもたちにとっては、一緒に分かち合ってくれる仲間や友だちがい

ることは、きっと「やってみたい!!」「やってみよう!」という魂を揺さぶることになると思います。

　もちろん、それだけではなく、子どものそんな気持ちを引き出していくためには、援助者の「子ども理解」や「関係性」「(遊びへの)仕掛け」も必要です。本書Part2の「感覚統合理論を保育・家庭生活に生かすための原則(42p)」やPart3の「子どもの発達を促す感覚統合遊び」を読んでください。

❹ 仲間と共に育ち合う

　障がいがある3年生男子。左半身があまりよく動きませんが、右半身はとてもよく動きます。彼が「こましたい!」と言ってきたので、私がひもを巻いて、その子がこまを投げていると、彼のお兄ちゃんがやってきて、自分の手に乗っているこまを、その子の右手にのせて『手のせ』をさせていました。彼はみんなの真似をして、手は広げつつ指だけは曲げて手の平を固くして、とても長く回せていました。周りにいた子たちも「すげーやん! 長く回っとうやん!」とほめてくれます。

　本当に上手に回せていて「強く回ってるこまだったら、ちょっと手にぶつかってもすぐは止まらないし、自分でももしかしたらもうできるんじゃないかな?」と思った私は、「私が強く回すけん、自分で手のせしてみらん?」とその子に尋ねると「したい!」と言ったのでさせてみました。すると、なんと1回目に地面で回るこまを、かかがんで手をそっとこまに近付けて、自分で手に乗せて回したのです! すると周りにいた子たちが「〇〇が手のせできたーーーー!!」「すげーーー!」と驚くとともに、まるで自分のことのように大喜び。そしてその子は「できた!」「できた!!」と、それはそれはもう、こちらまで笑顔があふれ出てくるような最高の笑

顔。同じクラスの3年生の男の子と一緒に
同級生「〇〇（彼の名前）ならーーー？」
子「できるーー！」

　と、何度もかけ合いをして、楽しそうにはしゃいでいました。その子は何度も「できた！」「できた！」と喜びを噛みしめていました。

　どの子だって「できるようになりたい」自分がいます。「こんなふうになりたい」自分をもっています。その願いを、仲間と共に分かち合いながら、子どもたちは仲間と共に育ち合っていくのです。

5 子どもの遊びを支援する上で大切なこと

　これまでの内容（に、ちょっと加えて）子どもたちの遊びを支援する上で大切にしたいことをまとめてみると、「遊び」が「遊び」になり、子どもの発達の糧となるためには以下のことが大切です。

- 「なりたい自分」「やってみたい」「おもしろそう」という子ども自身の気持ちが大切にされること
- 「やる」か「やらない」かを自分を選択／決定できること（してもいいし、しなくてもいい）
- 子ども自身が「ゴール」を決められること

- 「ほんのちょっとのステップ」が保障されること
- （もめごとやぶつかり合いになったり、ケガをしたりしたときでも）自分たちで遊び方を考えて決められること
- 「失敗」「間違い」「戸惑い」「回り道」「逃げ道」をゆるされる風土があること
- 「正しく」「早く」「上手に」「スムーズに」だけではなく「ムダなこと」「役に立たないこと」「はみ出し」「ユーモア」といった遊び心や個性、多様性が発揮でき、許されること
- できない人を(過剰に)責めたりバカにしたりせずに、一緒に教えてくれたり、楽しんで、喜んでくれたり、助けてくれたり、ほめてくれたりする仲間がいること

　Part3ではいろんな遊びを紹介しています。その中にはそれぞれの遊びに対しての具体的な支援を載せていますが、子どもの発達を保障するための支援の前提として、そして、「遊び」が「遊び」であるために、どの遊びでも以上のことを押さえながら支援をしていくことが大切であることを確かめておきます。

　最後に……世のお母さん方や支援員の頭を悩ませる「宿題」だって、"遊び半分"でやればおもしろいのです。

　一年生男子が「わから〜ん、宿題教えて」と、支援員のところにやってきました。プリントに書いている図を見ても、彼にとってはわかりにくいようだったので、それならと、支援員は、おしゃべりが大好きで言葉でのやりとりが上手な彼に「寸劇引き算ごっこ」をしてみました。

支「私は10個のたけのこの里を買ってきて、キミは10個全部食べてしまいました。

　　　　私が食べられる数は何個でしょう？」
子「（0個じゃん!!）（￣ー￣）ﾆﾔﾘ!!（..）φｶｷｶｷ…」
支「（全部食べられて）悲しい〜〜〜」
子「おいしかったぞ（笑）」

　次の日、彼は学童に帰ってくるや否や、笑顔でこう言うのです。「宿題持ってきたよ〜！(o^^o)」と。

　遊びがあれば、大変な時間も、楽しく豊かなものになります。
　「遊びは子どもの主食」です。たっぷり遊んでおおきくなぁれ!!　　　　　　（鍋倉　功）

〈参考文献〉
(1) 初見健一『子どもの遊び黄金時代　70年代の外遊び・家遊び・教室遊び』光文社、2013年
(2) 厚生労働省「放課後児童クラブ運営指針」2015年
(3) 文部科学省「子どもの学校外での学習活動に関する実態調査報告について」2008年
(4) 国連子どもの権利委員会　訳：子どもの文化のNPO Art.31「国連子どもの権利委員会総合的解説」No.17、2013年
(5) 田丸敏高・河崎道夫・浜谷直人『子どもの発達と学童保育――子ども理解・遊び・気になる子』福村出版、2011年
(6) 増山均『アニマシオンが子どもを育てる――新版 ゆとり・楽しみ・アニマシオン』旬報社、2000年
(7) レイチェル・カーソン『センス・オブ・ワンダー』新潮社、1996年

Part 2

感覚統合の
おはなし
〈基礎理論〉

1 感覚統合とは？

アメリカの作業療法士Ayresは、感覚統合とは「**人間が自分の身体や環境からの感覚を整える神経学的過程で、環境の中で身体を有効に使うのを可能にすることである（1972）**」と述べています。

人は環境からの情報や自分自身のカラダの情報をいつも受け取っています。そして、それらの情報を頭の中でまとめ、必要に応じて意味づけして、よりよく環境に適応できるように行動しています。感覚統合は、これらのプロセスのことを言います。感覚統合は、感覚や運動を脳の働きと関連づける理論のことを言います。

2 感覚統合理論のモデル

❶ 感覚統合の働き

子どもが歩いていて石ころにつまずいたときには、つま先に何かが当たった感じ（触覚）、つまずいたほうの足に石ころが当たって膝が曲がる感じ（固有受容感覚）、カラダがぐらっとしてバランスが崩れた感じ（前庭感覚）、石ころに気づいてそれを見る（視覚）など、さまざまな感覚が自分のカラダや環境から入ってきます。それらの感覚の情報を集めて統合して、今何が起こっているのかについて瞬時に理解します。子どもは石ころにつまずいてバランスを崩したことに気づき、一歩足を踏み出し、転ばないようにバランスを維持します。

感覚統合がうまく働いているときは、正確な情報が脳に入ってくるため、脳はカラダの状態や自分の置かれた環境について適切に理解でき、その状況に応じてスムーズな動作ができます。しかし、感覚統合がうまく働いていないときは、その子どもは動作が遅れてしまい、転んでしまうかもしれません。すなわち、感覚情報があやふやなため、脳は適切に理解や判断ができず、動作もちぐはぐになってしまうわけです。（図1参照）

図1 ●感覚統合の働き (引用文献:太田篤志著『「発達障がい」が気になる子がよろこぶ！楽しい遊び』PHP研究所より 一部改変)

　この感覚統合がうまく働いていないときには、人は感覚－運動に関係して二つのことが苦手な状態になります。

　一つは情動の問題です。脳が受け取った感覚刺激を誤って意味づけしてしまい、その状況に合わない情動を生じさせてしまいます。そのため、過剰な反応をしたり、過小な反応をしたりします。このような状態を感覚調整障害と呼びます。過剰な反応を示すのは感覚過敏の状態です。感覚刺激に対していつもビクビクしたり、イライラしたりしています。(図2参照)たとえば、聴覚が過敏であると、突然の音に必要以上に驚いて耳ふさぎをするかもしれません。また、受け取る刺激が少なすぎるため、その刺激を得るために自ら行動します。これは感覚探求の状態です。たとえば、筋肉を動かすことが好きな子どもは、病院や学校においてじっとしていることが苦手で、走り回っているかもしれません。

　もう一つは、運動の問題です。感覚の情報を受け取り、運動を行いますが、その運動に必要な感覚の情報がとてもあやふやであるため、適切でタイミングのよい運動を行うことができなくなります。そのため、カラダの使い方がとてもぎこちなかったり、不器用だったりします。このような状態を行為機能障害と呼びます。

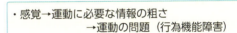

図2 ●感覚－運動に関係する2つの苦手さ

❷ 基礎となる感覚

　人には、図に示すように**前庭感覚、固有受容感覚、触覚、視覚、聴覚**など、いくつかの感覚が備わっています。その感覚は無意識のうちに処理されるものと、意識化されて処理されるものがあります。主に**前庭感覚と固有受容感覚は、無意識に処理されます**。それらの感覚は自覚しにくい感覚ですが、自分のカラダについての情報を脳に常に送っており、カラダの状態を整えています。

　視覚や聴覚は意識化されて処理されます。これらの感覚は自覚しやすい感覚であり、自分の身の回りの情報を集めて、環境の変化に対応できるようにしています。触覚は、自覚しやすい感覚でもあり、自覚しにくい感覚でもあります。それでは、それぞれの感覚の働きや役割についてみていきましょう。

（引用文献：太田篤志著『「発達障がい」が気になる子がよろこぶ！楽しい遊び』PHP研究所より　一部改変）

前庭感覚

〔 前庭感覚の働き 〕

　前庭感覚は、頭やカラダの動きの情報を脳に送っています。この前庭感覚は、耳石器と三半規管とからなります。耳石器は頭の傾きを、三半規管はスピード感、回転や揺れを感じ取ります。さらにその下に蝸牛がありますが、これは聴覚に関係する器官です。

　人は目を閉じていても、自分のカラダ

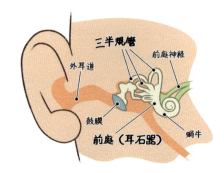

の傾きがわかります。人間は重力に逆らいながら生活しており、耳石器がこの重力をキャッチし、重力に対してどの向きに傾いているのかを感じています。耳石器の中には砂状のものがあって、頭の傾きに合わせてそれが動くので、どちらに傾いているのかがわかる、という仕組みです。

　また、自転車の運転を思い浮かべてみると、自転車を漕ぎ始めると、スピード感を感じます。ハンドルを右方向に切るとその方向に回転したことも感じます。また、トランポリンでジャンプをすると揺れている刺激を感じます。このようなときに三半規管は働いています。

〔 前庭感覚の発達的役割 〕

　前庭感覚は、筋肉の張りを調整しており、姿勢保持やバランスにも関わっています。私たちが重力に逆らって座った姿勢で文字を書くことができたり、立って歩いたりすることができるのは、この前庭感覚が無意識のうちに姿勢やバランスを整えているからです。

　前庭感覚は、自分のカラダが空間の中でどこにいるのか、どの方向に動いているのかについて教えてくれます。自分を基点にして、「上下」「左右」「前後」の方向がわかるのは、この前庭感覚が働いているからです。

　前庭感覚は、眼球運動とも関係しています。ものが動いていても目を動かして、そのものを追うことができたり、自分が動いていても、ものを見続けることができたりするのは、前庭感覚が眼球運動をコントロールしているからです。もし、眼球運動がぎこちなければ、キャッチボールをしていても、うまくボールをキャッチできないかもしれません。ノートを書き写すことも困難になるかもしれません。この眼球運動については、あとで詳しく述べたいと思います。

❶目でボールを見る（input）

❷脳が目からの情報を処理し、ボールがどこに来るかを計算して…

❸運動神経を使って手と指を動かし、、ボールをキャッチ！（output）

固有受容感覚

〔 固有受容感覚の働き 〕

　カラダの部位の位置を知ることができたり、見なくても手足を思いのままに動かしたりできるのは、固有受容感覚が脳に情報を送っているからです。筋肉には筋線維のほかに、筋紡錘という感覚の受容器があります。筋肉は伸び縮みしますが、それを感知する受容器がこの筋紡錘です。また関節の中にも受容器があり、関節が伸びたのか曲がったのかを感知しています。この**固有受容感覚は、カラダの位置や手足の向きに関する情報や、運動に関する情報を脳に送っています。**

〔 固有受容感覚の発達的役割 〕

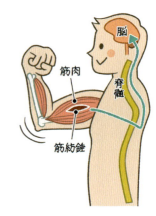

　固有受容感覚は、運動を行うときの力加減に関与しています。たとえば、積み木を積み上げるときには、手や腕の力の加減を微妙に調整して、すでに積み上がっている積み木を倒さないように慎重に動かしています。また、相撲であれば、相手を押すときに力いっぱい手足の筋肉を働かせています。このときにも固有受容感覚は働いています。

　固有受容感覚は、身体図式の形成にも関与しています。子どもは、意識しなくても、自分の手足の動きに関する情報を固有受容感覚から得ています。そのため、手

足を見なくても自分のカラダの動きを知ることができます。たとえば、ジャングルジムから降りるときには、逐一、手足の動きを目で確認しながら降りるわけではありません。バーの位置と手足を伸ばす方向を理解していることで、順序よく降りることができます。身体図式があいまいであると、手足の位置関係がわからず、バーをつかみ損ねたり、足を踏み外したりするかもしれません。

　固有受容感覚は、情緒とも関係しています。気持ちがイライラしたときには、手を握りしめて思い切り力を入れたり、地団駄を踏んだりすることがありますね。このようにカラダに力を入れることで、気持ちを落ち着かせようとしています。固有受容感覚には情緒を調整する働きがあり、気持ちの発散やストレス解消の役割もあります。

触　覚

〔触覚の働き〕

　触覚は、自分が何かに触れている、または何かが自分に触っていることについての情報を教えてくれます。触覚の受容器は皮膚の全身にありますが、とくに指先、手のひら、口に密にあります。触覚には、二つの働きがあります。一つは、日常生活においてものを識別するための働きです。人がものの大きさや形、材質や温度などについて知るために、能動的にものに触れ、探索することをアクティブ・タッチと言います。

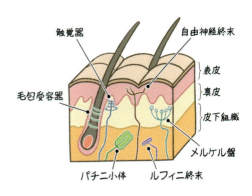

　もう一つは、自分の身を守るための働きです。これは防衛機能のことを言います。手に触れたものの感触がよくなかったり、痛かったりすると、すぐに手を引っ込めます。このように人は二つの触覚を働かせながら環境に関わっています。

〔触覚の発達的役割〕

　触覚は、運動とも密接に関わっています。たとえば、本のページをめくるときに

は、指を横方向に動かし、2枚のページのずれを感じながら1枚だけページをめくることができます。パズルのピースを入れるときにも、指先に触れている感覚を無意識に感じ取りながら、ピースの向きを細かく操作しています。

　このように触覚は、ものや道具の操作や巧緻動作に関わっています。しかし、触覚の情報をうまく受け取ることができないと、その情報に基づいた正確な動きができず、指先の操作が不器用に見えます。

　また、触覚は情緒とも関係しています。母親に抱っこされると、赤ちゃんは非常に安心します。かんしゃくを起こした子どもは母親に慰められ、優しく撫でられたり、ハグをされたりすると、非常に落ち着きます。このように触覚は、人の情緒の安定と深く関係しており、対人交流の基盤となっています。

視　覚

〔 視覚の働き 〕

　視覚は、目で見たものを理解する働きがあります。ものの形、色、大きさなどを目で見て判断しています。見ているものが何か、どこにあるのかなどの環境からの情報を識別しています。

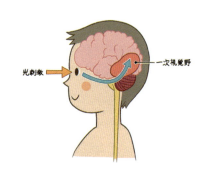

〔 視覚の発達的役割 〕

　視覚にはカメラの手ぶれ機能のような、視野を安定させる役割もあります。頭の動きやカラダの揺れに対して眼球の位置を調整して、見ているものがぶれないように働いています。これを前庭動眼反射と言います。視覚と前庭感覚が一緒に働いている状態のことです。走りながらボールをキャッチすることができるのは、この働きによるものです。もう一つ、視覚には追視という働きがあります。これも視野の安定に働いています。風船キャッチボールをして遊ぶときには、飛んでくる風船を見るために、滑らかに上下左右斜めに眼球を動かす必要があります。私たちにとって、いずれの眼球の運動も環境からの情報を知るために必要不可欠な働きです。

また、人は視覚からの情報を使用して、粗大な運動を可能にしています。たとえば、道端の段差を見つけて、それにつまずかないように上手にまたいだり、机にカラダが当たらないように移動できたりします。また、遊びの場面で考えると、ウンテイをしているときには、今つかんでいるバーから次のバーに手を伸ばしますね。このとき、視覚の情報を利用して、空間の中における自分と次のバーとの位置関係を理解していなければなりません。このように空間関係の情報を理解するときにも、視覚は重要な働きをしています。

指先の細かな運動を行うときにも視覚の情報は利用されています。これを目と手の協調性と言います。子どもが初めてボタン穴からボタンをつまみ出すときには、ボタンを見ながら親指と人差し指を使って引き抜きます。しかし、慣れてくると、ボタンを見なくてもはめることができるようになります。このように動作は習熟すると自動化されますが、動作を身につけるときには目と手の協調性は大切な働きの一つです。

聴 覚

〔 聴覚の働き 〕

聴覚は、さまざまな環境の音を受け取る働きがあります。聴覚の受容器は、耳の奥にある蝸牛というところで音を感知しています。この働きにより、人は環境の音や人の声などを聞き分けることができ、音の意味を認識することができます。

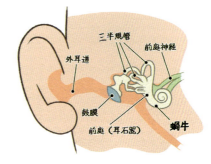

〔 聴覚の発達的役割 〕

聴覚と前庭感覚は、一緒に働いて音と頭の動きを統合しています。そして、聞こえてきた音の方向に対して頭を動かして、その音はどこから聞こえているのかについて判断し、その音源を特定することもできます。この聴覚によって、人は何の音か、どこから聞こえるのかの情報を取得し、自分の置かれた環境を理解することができます。体育の場面では、笛の合図や流れる曲に合わせて、リズムよくカラダを動か

します。このように聴覚と運動を統合させてカラダを動かすことができます。

　もう一つ、聴覚は聞こえてくる音を選別する働きがあります。たとえば、パーティーの場面でたくさんの人がそれぞれの話をしていても、自分が会話している相手の話をよく聞き取ることができます。

　このように自分にとって不必要な音は、聞こえないように調整する働きがあります。この調整がうまくいかない子どもは、不必要な音も受け取ってしまい、頭の中がとても混乱しているかもしれません。

❸ 感覚調整

　人は外の環境や自分の体内から、さまざまな感覚刺激を受け取りながら行動しています。これらの感覚刺激は、意識できるものもあれば、そうでないものもあります。私たちの脳は、感覚刺激がたくさん入りすぎると減らしたり、反対に少ししか入らないと増やしたりして、うまく調整しています。丁度、ラジオのボリュームを調整するのと似ています。

感覚調整障害とは？

　A君にとっては何でもないような感覚刺激であっても、B君にとっては受け入れがたい感覚刺激であることがあります。A君にとっては普通に気づくことができる感覚刺激であっても、C君にとってはまったく気づくことができない感覚刺激であることがあります。

　このように同じような感覚刺激であっても、人によって感じ方が異なります。自閉症スペクトラムなどの発達障害の子どもは、感覚刺激の感じ方に偏りがあります。これを**感覚調整障害**と言います。**感覚過敏に対して感じやすいことを「過反応」と言い、感覚刺激に対して過度な不安感や恐れをもつ状態は「感覚過敏」と呼ばれています。また、感じにくいことを「低反応」と言います。感覚刺激を感じにくく、これを補うために感覚刺激を追い求めることを「感覚探求」と言います。**ここでは、主に感覚過敏と感覚探求の特性と具体的な支援について述べたいと思います。

感覚過敏と具体的な支援

感覚過敏の子どもは、**感覚刺激を過剰に感じ取りやすいです**。そのため、他児がなんともない感覚刺激でも、過剰に反応してしまいます。

たとえば、前庭感覚に過敏さがあると、ジャングルジムといった高いところに上ることを怖がります。ブランコやシーソーなどの揺れる遊具に乗ることも嫌がります。その他にも、触覚に過敏さがあると、洗顔・洗髪・散髪・耳掃除なども非常に嫌がります。

更衣では、服のタグや縫い目を嫌がったり、靴下を履きたがらなかったりすることもあります。この他にも、スキンシップをとろうとしてもカラダに触れるのを嫌がったり、水に濡れることを極端に嫌がったりする子どももいます。

聴覚が非常に過敏な子どもがいます。他の子どもが聞き取れないような小さな音や高い音に反応したり、ドライヤーや掃除機の音などに過剰に反応する子どもがいたりします。そのような子どもは、いつも音にビクビクしていたり、イライラしていたりします。これは通常、安全と感じる感覚刺激のはずが、過度に不安・拒否などの情動反応が生じる脳の特性があるからです。

支援の方法として、**その子がどのような感覚刺激が嫌で、どのような刺激であれば受け取ることができるのかについて知ることが必要**です。そして、**子どもが刺激を安心して受け取ることができる遊びや活動を見つけて、能動的に取り組めるようにするとよいでしょう**。

たとえば、ブランコに乗ることを嫌がる子どもであれば、はじめは援助者がブランコに乗っている姿を見せてあげましょう。子どもが遊びの予測がつき、関心を示したら、ブランコに座るところから始めて、子どものペースで少しだけ動かすところから始めるとよいでしょう。人から揺らされるよりも、自分で動かしたほうがブランコの揺れを予測できるので、安心して動かすことができると思います。また、子どもが楽しめるカラダを使った遊びから始めて、その遊びの中に揺れる感覚を織り込んであげると、無理なく経験できると思います。

触覚の過敏さのある子どもについては、服のタグを取ったり、縫い目のないシームレスの服に変えたりなど、環境を変えるとよいでしょう。また、他人から触られるのを嫌がるときには、好きな友だちとであれば、自分から手をつなぐことができる場合もあります。手つなぎ鬼、おしくらまんじゅう、大根抜きなどのカラダに触れる遊びをする中で、無理なく触覚の刺激を経験することができると思います。**子どもが楽しさを感じているときには、脳の中で情報がうまく処理されているため、苦手な感覚刺激も受け取ることができるでしょう。**

感覚探求と具体的な支援

　感覚探求のある子どもは、とても活動的で、常に何かの刺激を求めています。感じ取りにくいために、強い刺激を求めて行動します。このような子どもは、回転遊具で何度回しても目が回りにくいです。ブランコでも少しの揺れでは飽き足らず、こちらが見ていても危険なほど、大きく揺らしたりします。

　その他にも、落ち着きなく走り回ったり、どろんこ遊びや水遊びが好きで止められなかったりします。これは感覚刺激を過剰に好む脳の特性があり、感覚刺激に満たされていたほうが情緒的にも落ち着くわけです。

　支援の方法として、遊んでもよいときには、子どもの好きな感覚刺激を十分に提供して、満たしてあげましょう。また、援助者はそのような遊びの中で、刺激に変化をつけ、遊びを展開するとよいと思います。靴下を履きたがらない子どもは、足裏からの刺激が欲しいためかもしれません。援助者はどこがよくて、どこがだめなのかといったルールを確認した上で、裸足で運動場を走り回ったり、砂場で砂まみれになったりしながら遊ぶ場面をつくりましょう。

　子どもが一生懸命に遊んでいるときは、子どもの良い部分が引き出されている場面です。援助者は一緒に子どもと関わったり、その様子を見守ってあげたりして、遊びを通して、より豊かな感覚を体験できるような工夫をしていきましょう。

　また、授業中など、じっと座っていなければならない場面でも、動きのある役割を与えて動かしてあげるとよいでしょ

う。たとえば、授業中に配付資料を配ってもらったり、黒板を消してもらったりして、子どもの動きたい欲求を満たしてあげましょう。生活の中で感覚をチャージすることで、落ち着いて過ごすことができるようになるかもしれません。

❹ 行為機能

● **行為機能とは？**

感覚統合理論では、**環境に合わせて自分のカラダを、目的的に効率よく使いこなす能力を行為機能**と呼んでいます。

● **行為機能の3つの過程**

行為機能は、**観念化、企画、実行の3つの過程に分かれています**。この過程について、児童クラブ（学童保育）でもよく行われている一輪車に乗ることを例に挙げて説明してみます。

観念化 (ideation)	遊びのアイデアをいろいろと思いつくことを言います。子どもは一輪車が運動場に置いてあるのに気づき、どのように遊ぶのかを思い浮かべます。「一輪車に乗ってみよう！」と思うわけです。
企　画 (planning)	運動の計画を頭の中で組み立てることを言います。どこに殿部や足を乗せるとよいか、どのタイミングで片方の足をペダルに乗せて漕ぎ始めるか、そのときの姿勢はどうすればよいか、子どもはさまざまなカラダの動かし方を考えます。このようにうまくカラダを使うために時間の流れに沿って運動を順序立てます。
実　行 (execution)	考えた運動をやってみることを言います。この場合、実際に一輪車を漕ぐことになります。

● **行為機能障害とは？**

感覚統合に問題のある子どもは、上記のどこかの過程でつまずいている可能性があります。この過程が難しいと、**これまでやったことのない新しいことを行うとき、スムーズに運動することが難しくなります**。このことを行為機能障害と呼んでいます。

たとえば、観念化の過程が難しいと、さまざまな遊びのアイデアを思い浮かべることができず、同じ遊びばかり繰り返したり、新しい遊びにもチャレンジしたりしません。また、企画の過程が難しいと、あれもやりたいこれもやりたいと、遊びのアイデアが次々に思い浮かんでも、そのアイデアを実現するために、具体的にどのように組み立てるとよいのかわからない状態になります。

　さらに実際に遂行するには、これから述べる4つの運動要素が必要になります。どの運動要素も必要であり、どれが欠けてもうまく運動できません。

感覚統合の運動要素

　感覚統合理論において、さまざまな感覚を受け取り、それらの情報をまとめ、カラダをうまく使いこなすには、以下の運動要素が必要です。

感覚統合の運動要素

a)	姿勢保持・バランス	[保ち支える]
b)	身体図式	[使いこなす]
c)	力加減	[ほどよく使う]
d)	両側協調・順序立て（シークエンス）	[同時に滑らかに動かす]

a) 姿勢保持・バランス［保ち支える］

　人は座って本を読んだり、文章を書いたりしています。また、立った状態で歩いたり、調理をしたりしています。このように**姿勢は人の活動を支えています。人は姿勢を保持するために、カラダの筋肉の張りが無意識に調整されています。**

　感覚統合に苦手さがあると、この筋肉の張りが弱く、姿勢が崩れやすくなったり、活動の時にカラダの動きに応じて、バランスをとることが難しくなったりします。たとえば、ものを落として拾うときには、両足を前後に開き、前になる足に体重を

乗せながら屈んでものをとります。このときの前傾姿勢は無意識に調整されており、安定してものを拾うことができる姿勢になっています。

シーソーで遊ぶときには、落ちないようにしっかりとつかまっていなければなりません。このとき、シーソーの動きに合わせてカラダの筋肉を強く収縮させて、姿勢を支えています。登り棒を上がるときには、自分の体重を支えるために足を棒にからめて、しっかりと踏ん張って姿勢を保っています。

また、丸太渡りのときには、バランスが必要になります。一歩前に進む際に、片足立ちになり、頭やカラダの動きをうまく使ったり、ヤジロベエのように手足を使ったり、カラダのふらつきを元に戻しながら移動することができます。

このように人は空間の中でも、バランス能力を発揮して、環境に適応することができるのです。

チェック項目

姿勢保持

☐	座位・立位の姿勢がよくない。
☐	走っているときの姿勢がよくない。

バランス

☐	転びやすく、簡単にバランスを崩しやすい。
☐	片足立ちができない。
☐	自転車に乗れない。
☐	階段を降りるときに手すりにつかまる。

b）身体図式［使いこなす］

身体図式とは、感覚統合理論の中では、脳の中で把握されている自分のカラダの形や大きさのことを言います。また、自分にどの程度のことができるのかに関する情報が蓄えられているとされています。動いているときでも、脳はリアルタイムに自分の動きの情報を捉えています。

身体図式は、触覚、前庭感覚、固有受容感覚の情報からまかなわれており、そのカラダの地図が明確であればあるほど、自分のカラダを使いこなすことができま

す。身のこなしがよいというのは、身体図式が明確である可能性があります。たとえば、遊びの中では、フープやトンネルをくぐるときには、カラダの大きさを感じ取ることができます。

身体図式があいまいな場合には、机やドアによくぶつかったり、自分のカラダの大きさよりも狭いところを無理やりくぐろうとしたりします。これは自分のカラダの大きさや境界線がわからないために生じます。また、子どもによっては、幅の広い溝をジャンプして飛び越そうとして、その溝にはまってしまうことがあるかもしれません。自分の能力がどの程度なのかについて知っていることも身体図式の一つとされています。子どもは自分の身体能力に関する情報を十分に理解しておらず、能力以上のことをして、失敗してしまうこともあります。

チェック項目

☐	身のこなしが悪い。
☐	移動しているときや遊んでいるときに、家具や遊具に自分の体をぶつける。
☐	かくれんぼの遊びで、他の子どもに見えないように隠れることが苦手である。
☐	自分の運動能力ではできそうにもないことを、無謀にもやってみることがある。

c）力加減［ほどよく使う］

ものを扱うときには、ものの柔らかさや重みを感じながら扱います。たとえば、手のひらにヒヨコを持つときには、つぶさないように柔らかく持ちます。文字を書くときには、薄すぎたり濃すぎたりしないようにほどよい力で鉛筆を扱います。これは、手に感じる触覚や圧覚を感じ取りながら、それに応じて力の入れ方を調整しています。

感覚の受け取りが上手くない子どもは、力加減が強すぎたり、弱すぎたりします。力加減が強すぎる子どもであれば、ヒヨコをかわいがろうとしてもギュッと持ってしまうかもしれません。弱すぎる子どもであれば、適した力で持つことができず、ヒヨコが逃げてしまうかもしれません。

また、コマの紐を取り付けるときに適度な力で巻くことが苦手な子どももいます。これも手に感じる感覚が伝わりにく

く、ひもを巻くときの硬さの程度がわかりにくいため、失敗してしまうのだと思います。このように物をうまく扱うには、ほどよい力加減が必要です。

チェック項目

☐	力加減が苦手である。
☐	おもちゃなどの物の扱いが非常に雑である。
☐	強い力で物をつかんだり、投げようとしたりする。
☐	体操の時、手足の姿勢がいい加減で、体の曲げ伸ばしが不十分である。

d）両側協調と順序立て［同時に滑らかに動かす］

　両側協調とは、脳の中でカラダの右側と左側の情報をやり取りして、カラダの左右が協力し合いながら動く能力のことを言います。たとえば、めん棒で小麦粉を伸ばすときには、両手を伸ばして前後に同時に動かして伸ばしていきます。このように両手を同じように使うことを両側協調と言います。

　また、ハサミを使用する場合には、利き手にハサミを持ち、非利き手に紙を持って操作します。このように利き手と非利き手が連携して動くことも両側協調の一つです。両手をそれぞれに役割分担して使うと、効率的に動作を行うことができます。

　片方の手がカラダの真ん中（正中線）を越えて、反対側でも使えると、より効率のよい動作となります。この動きを正中線交差と言います。両手をカラダの前でクロスして服を脱ぐと脱ぎやすいです。

　順序立て（シークエンス）とは、時間の流れの中で、連続した動作を予測し、組み立て実行することを言います。

　たとえば、大縄跳びをするには、縄の動きを見極めた後、助走をつけ、縄の中に入り、両足でジャンプして縄を跳び、着地するという連続した動作をタイミングよく行わなければなりません。いくつかの動作工程において、時間の流れに沿って手足を動かす順番についての計画を立て実行することで、大縄を跳ぶことができるのです。

　これらの両側協調と順序立ての働きにより、人

は複雑な動作を滑らかに行うことができるのです。

チェック項目

両側協調
☐ 両手を使う動作が苦手である。
☐ 利き手が定まっていない。

順序立て
☐ リズム感やタイミングが必要な運動が苦手である。
☐ 体操の時、手足の動きの向きがずれることがある。
☐ 動いている物を追いかけたり、捕まえたりすることが苦手である。
☐ 手元を見ずに物を操作することが苦手である。

❸ 感覚統合理論を保育・家庭生活に生かすための原則

感覚統合理論においては、大切な原則として、大きく以下の4つを挙げています。

a)	感覚刺激の栄養士として、子どもの献立をつくるために
b)	子ども－援助者の相互関係をきずくために
c)	子どもにとっての遊びとして成立するために
d)	集団への参加のために

a）感覚刺激の栄養士として、子どもの献立をつくるために

　障害の有無に関係なく感覚刺激は、子どもの発達において大変有用なものです。これはカラダが成長する過程に似ています。子どもは食べ物を食べて、自分にとって必要な栄養を消化吸収し、カラダが大きくなります。このように、**子どもは環境に適応するために、外の世界からさまざまな刺激を受け取り、頭の中で調整したりまとめたりして、行動することで発達していきます。**

　すなわち、感覚刺激は脳を育む栄養素と考えることができます。感覚統合の働きに偏りがある場合、子どもに必要な栄養素が異なっていることもあります。

ある子どもは、感覚刺激を非常に求めます。またある子どもは、感覚刺激を非常に怖がったりします。援助者は、子どもの探求、過敏などの特性を把握して、その特性に合わせて感覚刺激を提供する必要があります。

　たとえば、動きたい欲求が強い子どもの場合、1日のある時間帯はしっかりとカラダを動かす遊びを提供したり、カラダを動かすことができるようなお手伝いをしたりなど、援助者は子どもの栄養士として、生活の中に子どもの特性に合わせた活動を織り込んでいくとよいでしょう。

b）子ども－援助者の相互関係をきずくために

　援助者は子どもに対して、指導的に遊びを展開するのではなく、遊びの中では、子どもが主役であり、子どもの遊びを援助するように関わりましょう。そして、子どもが楽しそうに遊んでいる姿を認め、その気持ちに共感してあげるとよいでしょう。

　子どもが一生懸命に遊んでいるときは、子どもの良い部分が引き出されています。そこに関わることで、子どもと援助者との関係を深めていきましょう。そうすることで、子どもは、「この大人は自分のことをわかってくれている」と感じることができ、子どもの安心感につながります。

　このように子どもとの関係が深まると、**援助者から提案される新しい遊びにも関心を示し、子どもの新たな学びにつながる可能性があります。**

c）子どもにとっての遊びとして成立するために

　大人は子どもが喜ぶだろうと思って別の遊びを提供すると、子どもに拒否されたり、子どもがどこかへ行ってしまったりした経験はないでしょうか？　大人の提供する遊びが、子どもにとっての楽しさにつながらず、子どもの遊びのイメージから外れたときに、このようなことが起こります。

　子どもにとっての遊びとは、子どもが「楽しい！」と感じて遊ぶことであり、遊ぶことそのものが目的になっている必要があります。子どもは苦手なことや失敗しそうなことには、なかなか関わろうとしませんが、好きなことや楽しいことには、積極的に関わろうとします。

　援助者は、子どもがどのようにして遊びたいのか、その遊びのイメージを共有しようとする心構えが大切です。子どもにとっての遊びを成立するためには、そのときの子どもの発言などをキャッチするのはもちろんのこと、表情や態度などの非言語的なこともくみ取りながら、子どもに関わることが大切です。

子どもが今している遊びに満足すれば、「次にもっとこうしたい！」という思いが芽生えます。援助者は、子どものその気持ちに乗せて、次のステップの遊びを提供するとよいでしょう。援助者は黒子となり、子どものチャレンジ精神を損なわないように支援して、成功体験へとつなげてあげましょう。

d）集団への参加のために

　子どもと援助者との間に、子どもにとって安心できる関係ができると、子どもは他の子どもへと関係性を広げようとします。言葉だけのやり取りで関係ができるわけではなく、一緒に遊ぶ中で関係ができてきます。その際、援助者は、他の子どもが遊んでいる中にその子どもを参加させるのではなく、その子どもにとって馴染みのある遊びをしている中に他の子どもに参加してもらうとよいでしょう。馴染みのある遊びは、子どもにとって安心できるものであり、その遊びを通して友だち関係をつくることができるようになるでしょう。

　子ども同士で遊ぶことが楽しくなると、援助者の支援がなくても、一緒に遊ぶことができるようになります。友だちが面白そうに遊んでいるのを見て、自然と心が動き、「ぼくもやってみよう！」という気持ちになります。このように友だちの存在が刺激となり、集団へと参加するようになっていきます。**子どもは、集団の中で、失敗や成功を経験しながら自分の心とカラダを成長させていくのだと思います。**

（森川芳彦）

〈参考文献〉
・土田玲子監修、石井孝弘・岡本武己編集『感覚統合Ｑ＆Ａ　改訂第2版──子どもの理解と援助のために』協同医書出版社、2013年
・太田篤志著『手先が不器用な子どもの感覚と運動を育む遊びアイデア──感覚統合を活かした支援のヒント』明治図書、2017年
・太田篤志著『イラスト版　発達障害児の楽しくできる感覚統合──感覚とからだの発達をうながす生活の工夫とあそび』合同出版、2013年
・加藤寿宏監修、高畑脩平・田中佳子・大久保めぐみ編著『乳幼児期の感覚統合遊び──保育士と作業療法士のコラボレーション』クリエイツかもがわ、2016年
・A. Jean Ayres著、佐藤剛監訳『子どもの発達と感覚統合』協同医書出版社、1999年
・Anita C. Bundy, Shelly J. Lane, Elizabeth A. Murray編著、土田玲子・小西紀一監訳『感覚統合とその実践　第2版』協同医書出版社、2006年
・佐藤剛・土田玲子・小野昭男著『みんなの感覚統合──その理論と実践』パシフィックサプライ、1996年
・岩永竜一郎著『自閉症スペクトラムの子どもの感覚・運動の問題への対処法』東京書籍、2014年
・坂本龍生・花熊暁編著『入門　新・感覚統合法の理論と実践』学習研究社、1997年
・日本感覚統合学会『感覚統合療法入門講習会　資料集』2013年

Part 3

子どもの発達を促す感覚統合遊び

外遊び

室内遊び

伝承遊び

「外遊び」
土遊び・穴掘り

- 土や砂を指先、手、腕、または道具を使って穴を掘り、楽しみ、喜ぶ。
- 穴掘りを通じて「土・水・火・木」など「自然のモノの利用」の楽しさ、関心につなげる。
- 土や砂を触ることで、手や指先の感覚を養う。

活動への導入

- 「汚れることの怖さ」をもつ子どもには、一緒に穴を掘りながら「汚れても大丈夫だよ」とわかりやすく伝えていく。
- 五感遊びのために、全身泥だらけになることも配慮し、子どもの「創造性」をイメージする。
- トンネルづくり、ビー玉を転がす道づくり、土と水遊びなど、「ピタゴラスイッチ的創造性」を共感する。
- 子どもたちが自由に使えるようスコップ・シャベルなどの道具も準備する❶。
- 支援員も一緒に穴掘りをやりながら、子どもたちの好奇心につながるよう呼びかけていく。

活動を楽しむために

- 大きめの穴を掘って池にして、その周りに草を植えてオタマジャクシを飼う環境づくりに取り組む。
- 土遊びをしながら「個人遊び」から「小集団遊び」に発展することもある。仲間をつくり、共につくる創造力、みんなで完結してゆく団結力など、初めての「協働性」が、その子の楽しみにインプットする時期でもある。

ちょこっとエピソード

1年生のS君は淡々とシャベルで穴を掘りながら、「おれさー、深くて、深くて、深ーい穴を掘ってさー、エレベーターも付けてさー、そこでバーベキューして食べようね！」。大好きな穴掘りをしながら、子どもたちの創造性は膨らみます。

(Y)

作業療法士の視点から

「外遊び」
土遊び・穴掘り

遊びに含まれる要素

感覚の要素

固有受容感覚に注目！ → p.30

　両手でギュッと力強く柄を握る、両足で地面を踏みしめて重たいシャベルを持ち上げ振り下ろす。手首を返しながらグッと土を掘り起こして放り飛ばす！　深く掘れば掘るほどパワーが必要です。力いっぱい全身運動した後は、スッキリ爽快な気分！ストレス発散にもなります。穴掘りは固有受容感覚が豊富に含まれている活動です。

運動の要素

身体図式に注目！ → p.39

　シャベルや鍬は、主に足の踏み込み、腰まわりや肩、肘の動きを必要としますが、道具によっていろんな運動パターンを体験することができます。またスコップや熊手は土を掻き出したり、いろんな方向にガリガリ削ったりと手首の柔軟な動きを引き出してくれます。いろんな道具に合わせて動きがつくられ、カラダと道具が一体化しなじむような動きとなることで、より滑らかな動きが増えます。まるで直接、触れているかのように土の硬さを感じ、深さに応じて道具を使えるようになります。

姿勢保持に注目！ → p.38

　シャベルや鍬などの大きな道具を使うことは、姿勢保持の力を育みます。子どもにとってシャベルや鍬は、重く長さもあるため穴掘りは中々の力仕事となります。足を前後に開き、腰を落として両足でグッと踏ん張ります。腰回りが安定すると、腕や手が使いやすくなりバランス力もUPするので、効率よく上下、前後、左右交互に体重を乗せながらシャベルを動かすことができます。

両足でグッと地面を踏みしめて、全身を使ってショベルカーみたいに力いっぱい掘ってみよう。今日から君も穴掘り名人！

こんな様子がみられたら

汚れるのが嫌

　子どもたちは、それぞれ好きな感覚や苦手な感覚があります。砂や乾いた土のようにサラサラした感覚は気持ちが良いけれど、ベタッと手につく粘土や泥んこには過敏に反応する、避けるなど、素材の状態によって感覚の受け取り方に違いがあります。子どもたちが、どんな素材なら安心して楽しめるのか、どんな環境であれば参加できるのかを把握することも大切です。
→ 軍手をはめる、❗スコップやシャベルを使うなど直接、土や泥に触れない工夫や手洗い用のバケツや濡れタオルを準備して、すぐに汚れを落とせる環境をつくってあげるなど安心できる環境を工夫してみましょう。

　また「宝探し」として、大きめの石ころやビー玉を埋めて掘り当てるゲームや、「秘密基地づくり」など、子どもたちの「ワクワク」につながるような場面を提供することは、脳が苦手な感覚を受け入れやすくなる状態となり、子どもたちのチャレンジへつながりやすくなります。

道具をうまく操作できない

　姿勢がうまく保てない、ふにゃふにゃさんは、重い道具を扱うのは苦手な場合があります。また、不器用さんにとっては、自分に合った道具を選んだり、使い方がわかりにくい場合もあります。
→ 姿勢の変化（かがむ、立つなど）に応じて、使えるものや熊手、鍬といった、いろんな種類や大きさの道具を準備することで、子どもたちが自分に合った道具を選べる環境をつくりましょう。

OTが考える！ 遊びの展開例

「穴掘り競争」：時間内に誰がいちばん深く広く掘れるのか？個人戦でもチームでも楽しめます。姿勢だけでなく集中力や協力し合う力も育まれます。

Re: ちょこっとエピソード

　深く掘れば掘るほど、力いっぱい掘って削って放り投げる！　筋肉や関節をフルに使ってさらに踏ん張る力も増していきます。エレベーターにバーベキュー、豊かな想像は、子どもたちのエネルギーとなります。

(Ma)

「外遊び」
泥団子

- ●水や砂、泥の感触を楽しむ。
- ●力を加減しながら「握る」「撫でる」「こする」などの動作を行う。
- ●きれいな泥団子を作るために「（自分の作りたい泥団子に沿う）砂を見分けて集める」→「ふるいにかける」→「団子をつくる」と、段取りを考えて地道に作る。
- ●だんだんきれいに作れるようになったり、上手に作れるようになったりしていく小さな手応えを感じ、粘り強くていねいに作り上げる。
- ●崩れたり壊れたりする悲しさや、思い通りにはいかない悔しさ、もどかしさも感じつつ、それでも手応えを感じたり、次はもっと上手な団子を作れることの見通しをもったりしながら、悲しさや悔しさを乗り越える。

活動への導入

- 「泥団子をつくる」ことを意識し過ぎず、まずは泥と触れ合い、泥を使った多様な遊びの中で、泥の感触を楽しむ。
- 水や泥の感触が苦手な子には、決して無理強いせず、「（苦手でも）やってみたい」と思える仲間との関係を育みながら「やってみようかな」と思ったときに提案してみる。
- 「光る泥団子」の見本を直接見せたり、動画や写真で見せたりして「やりたい」気持ちを膨らませる❶。

活動を楽しむために

- 目の荒いふるいや細かいふるい、磨くための布などの道具を準備する。
- 自分の"宝物"の泥団子を入れるにふさわしい、ちょっぴり豪華な箱を見つけたり、探したりする。
- 大人も本気になって楽しむ!!

＼ 遊びのバリエーション ／

- 「巨大泥団子」
- 「光る泥団子」
- 「固い泥団子」
- 「色付き泥団子」
- 「匂う泥団子」!?

＼ 高学年向けに… ／

「考える力」「科学する力」を活かせるように、いろんな種類の砂や土を見つけたり、磨くためのいろんな素材の布を手に入れたり、また、いろんな泥団子の見本や写真を用意して、自分なりのオリジナルの泥団子ができるように試行錯誤しながら取り組んでみるのもおもしろいでしょう。

ちょこっとエピソード

「泥団子」を何日も作っていた男の子。ある日、指導員に「1位になった人の景品くれん？」「参加賞もくれん？」（笑）とズケズケと景品を交渉しに来ると、ポスターを作って参加者を募集して「泥団子コンテスト」をし始めました。審査の基準は……「固さ」だそうです。どうやって審査するのやら（笑）。

作業療法士の視点から

「外遊び」
泥団子

遊びに含まれる要素

感覚の要素

触覚に注目！　　　　　　　　　　　　　　　　　→ p.31

　砂や泥の触り心地を味わうことができます。「さらさら」乾いた感じや「べとべと」「どろどろ」と水を含んだ感じを楽しみましょう。

　磨くほどに丸く「つるつる」になっていく団子。その感触の変化に気づくことも大事です。泥に親しみながら、感触の違いや変化を感じ取ることで、触覚の判別力が高まります。

固有受容感覚に注目！　　　　　　　　　　　　　→ p.30

　手指には複数の筋肉や関節があります。その筋肉や関節にかかる抵抗によって、手にした団子の大きさや、目には見えない「重さ」や「固さ」を感じ取っています。触覚と固有受容感覚がセットで働くことで、泥団子の「質感」がわかります。

> **Re:** ちょこっとエピソード
>
> 「固さ」を判定できる審査員は、すばらしい感覚の持ち主です！　泥団子を手のひらに乗せたときの重量感や、握ったときの微妙な弾力を感じ取ってください。

運動の要素

力加減に注目！　　　　　　　　　　　　　　　　→ p.40

　手指の力を調整しながら「ギュッギュッ」と丸めたり、「そーっ」と表面を磨いたりします。団子の大きさや固さに合わせて手指のアーチをつくり、「ちょうどいい力加減」で慎重に扱うのがポイントです。自分がどれくらいの力で握っているのかわからないと、大事な団子をグシャッと握りつぶしてしまうかもしれません。泥団子の扱い方をみていると、その子どもの力加減の育ち具合がよくわかります。

手先の器用さは「力加減」から！
強く握ったり優しく握ったりしながら、ちょうどいい力加減をつかもう。

こんな様子がみられたら

見ているだけ・触ろうとしない

同じ泥を触っても、感じ方は人それぞれ。べとべと感や手の汚れが苦手な子どももいます。

→ 過敏さがあっても、興味をもって自分から触る"アクティブタッチ"の時には、過敏さが軽減するといわれています。

❗「光る泥団子の見本を直接見せたり、動画や写真で見せたりして、やりたい気持ちを膨らませる」のは、よい導入の仕方です。道具を使って土や砂をふるう「ふるい担当」として、部分的な参加から始めてみるのもいいかもしれません。

団子をつぶしてしまう

泥団子の取り扱いには、キメ細かな力加減が必要です。固有受容感覚の働きが未熟なために、力が入りすぎるのでしょう。

→「団子ころがし」「ぶっつけ遊び」「的あて」など、団子遊びから始めてみましょう。これなら少々扱いが雑でも大丈夫。団子が崩れることを楽しみながら、団子の扱いを体験することができます。

OTが考える！ 遊びの展開例

「磨き比べ」：磨く素材をいろいろ試してみましょう。（いろいろな素材の布、葉っぱ、ガラス瓶の口など）仕上がりの感触が違うかもしれません。素材によって力加減も変わります。素材に合わせた磨き方のコツをみつけましょう。

「おやつ作り」：時には、おやつ作りを手伝ってもらうのもいいでしょう。白玉団子を丸めたり、バクダンおにぎりを握ったり。三角おにぎりをふっくら握れるようになれば、立派なおにぎり名人です（過敏さや力加減の苦手さがある子どもには、ラップおにぎりがおすすめ）。

(T)

「外遊び」
缶ぽっくり・竹馬

ねらい

- ●缶ぽっくり・竹馬とも「足と手の上下運動」なので、練習でそれを身につける。
- ●バランス感覚を身につけるために、足をつま先立ちにし、足元を見ずに遠くを見る姿勢をつくる。
- ●竹馬は走ること、足台も高いものに自ら挑戦する。

活動への導入

- 竹馬の前にバランスがいい缶ぽっくりから始める。手と足の上下運動を覚える。
- 初めて竹馬に挑戦する子には、竹馬1本の上下運動から始める❶。軽くつま先立ちし、かかとは軽く浮かす。
- 1本でうまくできたら、竹馬2本で軽く持ってあげ、前傾して歩く練習をする。
- 手はバランスよくするために、竹馬を胸の辺りで持つ。
- 竹馬に乗るには裸足が良く、裸足で乗れる竹馬の環境整備をする❷。

活動を楽しむために

- 竹馬でのレベルアップを楽しむ。
- レベルアップ中のケガに注意する。
- 缶ぽっくりは転ぶことが多いので、下記の活動はしないようにする。

竹馬のレベルアップ

❶ 足台の高さを調節（50cm～1.5m）　　❷ 片足飛び

❸ 竹馬のバック　　❹ 竹馬ジャンケン　　❺ 大縄跳びの連続ジャンプ

ちょこっとエピソード

独自の遊び目標と練習で親たちをびっくりさせる「イベント18番大会」。1年女子のYさん。いろんな昔遊び体験で自信をつけ始め「竹馬に乗りたい！」を目標にした!! バランスから練習をし、1、2歩進み、2日目には見事に歩くことができちゃった！ Yさんの笑顔が18番大会の自信につながりました。

(Y)

作業療法士の視点から

「外遊び」
缶ぽっくり・竹馬

遊びに含まれる要素

 感覚の要素

前庭感覚に注目！　　　　　　　　　　　　　　　→ p.28

　竹馬は土台が不安定なので足元がふらつき、歩くと浮いたように感じるので、地面を歩いているよりも自分の動きに意識が向きやすい遊びです。背も高くなり、いつも見ている世界を上から見下ろしているように感じることができます。揺れや傾きを前庭感覚がキャッチしてくれるので、倒れないようにバランスを取ろうとすることができます。

固有受容感覚に注目！　　　　　　　　　　　　　→ p.30

　竹馬の上でつま先立ちをしているような感覚です。特に親指側にグッと体重が乗り、竹馬を上に引き上げたときに台と足の裏がフィットしている感じがします。

運動の要素

姿勢保持・バランスに注目！　　　　　　　　　　→ p.38

　両手で竹馬をギュッと握り、「せーの」で勢いよく利き足から乗り込み、反対の足もつづけて乗せます。脇をグッと締めて竹馬を体に引き寄せて姿勢をまっすぐに保ちます。つま先、特に親指側に体重をかけると安定しやすくなります。バランスが崩れると後ろに倒れないようにグッと背をそらしてふんばったり、肩を前に押し出して体勢を整える中で、姿勢保持の力が高まります。また左右交互に足の裏に体重を乗せながらバランスを保ちます。

両側協調に注目！　　　　　　　　　　　　　　　→ p.41

　缶ぽっくりや竹馬は、手足を交互にリズムよく動かし前進します。また、ジャンプや竹馬じゃんけんは、同時に左右の手足をタイミングよく動かす必要があります。

竹馬に乗っているとみんな背筋がピンッと伸びて視界も広がります。
自由自在に乗りこなして姿勢を保つ力やバランス力を身につけよう！

こんな様子がみられたら

高さや不安定さを怖がる

前庭感覚の受け取り方に偏りがあると、土台が低く安定していて、落ちる心配がなくても極端に怖がることや、傾きがキャッチしづらくバランスがうまく取れない場合があります。

→ まずは低めの缶ポックリや竹馬の足台を0段にし安定した状態から始め、楽しくできた！ もっとやりたい！という気持ちを引き出しましょう。

前に体重を乗せるのが怖い場合、足台と同じくらいの高さから乗り込むと、自分のペースでゆっくり足を乗せることができます。慣れてくると足を乗せながら前に倒れる練習をするとコツがつかめてきます。

竹馬の台から足が離れてしまう

手足を協調的に動かす感覚がつかめていないかもしれません。

→ ❶「竹馬1本の上下運動から始める」ことで感覚がつかみやすくなります。導入に缶ポックリやムカデ競争など協調的に手足を動かす感覚や、左右へ体重を交互に乗せる感覚がつかみやすい遊びを取り入れるのも一つです。また、固有受容感覚が受け取りにくく、足が台から外れても気づきにくい場合もあります。

→ ❶裸足で乗ることもいいでしょう。直に乗せることで台にフィットしている感覚やどのあたりに体重が乗っているかがつかみやすくなります。

OTが考える！ 遊びの展開例

「凸凹道・坂道」：缶ポックリや竹馬でソフトマットの上を歩いたり、緩やかな斜面を登り下りしてみましょう。より足場が不安定になり、難易度がUPし姿勢保持の力が高まります。

「ひねり技」：缶ポックリのひもを交差して持つと腰のひねりが入り、バランス力UPにつながります。

(Ma)

「外遊び」
馬飛び
No.4

ねらい

- 人と人が触れ合うことができる遊び。
- 人が人の飛び箱を跳ぶことにより、「飛んでほしい！」という、子ども同士の共感がうまれる。
- 低学年の場合は、高学年が低い体勢をとってあげる配慮で、「高さ」と「心」の連携がうまれる。
- この遊びは「仲間のために跳び箱になる＝自制力」と「飛ぶことにチャレンジする＝意欲」があり、仲間づくりも生まれる。
- 高学年は「自分の目標」の高さでチャレンジする。
- 飛んで行く姿に「あこがれ」や「笑い」がある遊び。
- 自分で実行する「勇気がいる」遊びにもなる。

遊び方

- 子どもが1列になり、1メートル感覚で馬飛びの跳び箱になる。
- 跳び箱の高さを決めながら、1列の跳び箱を飛んで行く。
- 1列を飛んだら、その人が次の1列トップの跳び箱になる。

👑 活動への導入

- 「集団の人数を増やすため」には、支援員の呼びかけで少人数からスタートし、現場を見た子どもたちの様子を見て徐々に増やしていく。
- 「低学年の飛ぶことの恐怖」については、「飛ぶ」のではなく「乗り越える」ことで、「カラダとの触れ合い」を体験し、少しずつ「飛べる」きっかけづくりに向かわせる。
- 失敗しても「ドンマイ、ドンマイ！」という、みんなの声かけも重要！　馬飛びを長く続けるためには子どもたちの「笑顔」は重要です。

👑 活動を楽しむために

- 「いやだ」と言う子には「飛ばなくてもいいよ」という、安心感をもたせることもできます。
- 低い跳び箱で、飛ばずにゴロンと上を通り抜けてもいいのです。
- 低学年児童の「カラダとの触れ合い体験」は、笑顔・やる気に変わり、自らの飛び方が生まれるきっかけづくりになります。やさしく対応することが必要です。

ちょこっと エピソード

中学年の女の子Hさんと1年生の女の子Iさんの話。
(H)「馬飛びやってみる？」
(I)「いや……できない！」
(H)「大丈夫！　カラダつけてもいいから。ゴローンと飛んで！」
　Hさんのそばに寄りながら、みんなの馬飛びに近寄り、ゴローンの体験を何とかやってみるIさん。
　周りの仲間とIさんの笑い声。仲間のやさしさがIさんに伝わっていく。

(Y)

作業療法士の視点から

「外遊び」4 馬飛び

遊びに含まれる要素

運動の要素

姿勢保持に注目！ → p.38

　安定した馬になるためには、友だちが背中に手をつき、飛び越えるときの勢いに負けないように、どれくらいの力が、どの方向からきたのかをカラダでキャッチし、同じだけの力を向かってきた方向に返すためにグッと踏ん張らなければなりません。カラダの大きい子、小さい子、勢いよく手をつく子、何度も手をつく子、いろんな力が加わる体験を通して姿勢を保つ力がついていきます。

順序立てに注目！ → p.41

　馬を滑らかに飛び越えるには、背中に手をつき前上方にピョンと飛び上がると同時に、両手をまっすぐに伸ばし、姿勢がぶれないように支えながら足をパッと開き、カラダをグッと前に押し出しながら飛び越え、両足で着地するといった多くの連続した動きを同時にする必要があります。この動きを時間の流れに沿ってシュミレーションしながら、テンポよく連続して飛び越えていきます。

馬になる子はグッと踏ん張り、飛ぶ子はピョンと滑らかに飛び越えよう！

こんな様子がみられたら

飛び乗る前に止まってしまう

次の動きが頭の中でイメージしづらい、イメージできていても運動の切り替えが難しい、馬の高さや間隔に応じて歩幅や速さ、手のつく位置などを瞬時に判断できず、飛ぶタイミングをうまくつかめないといった場合もあります。

→ まずはペアや3人など少人数で行い、自分が跳びやすい高さを確認したり自分のタイミングで飛ぶことから始めましょう。工程に分けて手をついたと同時に、前上方へ跳び上がりながら足を開ける練習から始めるのも良いですね。

馬を飛び越えることができない

重心を前に移動することがわかりづらいのかもしれません。

→ カエル跳びのように安定した平面からチャレンジしてみましょう。床についた両手のひらに体重を乗せながら、重心を前に移動する感覚をカラダでつかんでみましょう。慣れてくると高さをつけて平均台やベンチ椅子などにまたいで座り、両手を前方につき手に体重を乗せてみましょう。頭や肩が前に出て、自然と頭やカラダが前のめりになるので、そのままお尻を浮かせて前へ進んでみましょう。

OTが考える！ 遊びの展開例

「スピード競争」：馬を長くし2チームでスピードを競う、ペアでチームを組み交互に飛びタイムを競うなど、機敏にスピーディーに動いてみましょう。

「アレンジ飛び」：馬役が縦、横と向きを変えて並んだり、馬、仁王立ち（足を開いて立つ）と交互に並び、飛ぶ、くぐるを繰り返すなど、違う要素を入れるのも面白いでしょう。運動の切り替えやシュミレーションする力を育み、より滑らかな動きを必要とします。

(Ma)

「外遊び」
No.5 Sケン 〈集団遊び〉

ねらい

- 両足、ケンケン（片足）の使い方を覚える。
- 相撲のように、相手とカラダとカラダが触れ合う肉弾戦遊びを楽しむ。
- 自分と相手への「力の使い方・調整」を遊びながら覚える。
- 言葉、カラダで人を傷つけないルールと、もし起きた場合は、謝り方とサポートを覚える。

遊び方

- 地面に大きなＳ字と休憩場（丸形）をかき、宝物場には石を入れる。2人～10人くらいの集団で遊ぶ。
- ゲーム終了は「宝物を取られたとき」または、「見方が全員アウトになったとき」。アウトになった人は、外で座って応援する。
- Ｓケン内部が自分・相手の陣地で、両足で相手陣地に行き、Ｓケン外部はケンケンで移動。
- 線から足が出たらアウト。陣地（両足）から手を出し合った引っ張り合い、ケンケンと両足の引っ張り合いもできる。
- ケンケンのための休憩所（丸形）も2～4か所つくる。休憩所（両足）からケンケンの攻撃はなし。陣地入り口から片足を出した両足で、ケンケンの敵の侵入を防ぐのはOK。外でのケンケン同士の戦いもOK。
- 「蹴る・殴る・首、髪を責める・安全ピンは外す」など、危険を伴う行為やものにはイエローカードの約束をする。

👑 活動への導入

- 初めて挑戦する子どもには、怖くないように支援員がサポートする。遊び慣れることで仲間づくりにつなげていく。
- 「イッセーのーでーはーじまった！」の「全員のかけ声」でスタートする。危険防止のために必ず始まりの声かけを行う。
- 自己中心的な子どもたちには、トラブルは付き物。ポジティブにSケンを続けるために、ゲーム終了後はすぐに陣地を交換して、「はーじまった！」ですぐにゲームを再開。みんなの「作戦タイム」ができることも伝え、「個人意見の提案」と、「認め合うこと」（自己肯定感）の大切さを気づかせる。

👑 活動を楽しむために

- 作戦タイムでは相談しながら、相手の陣地に数人で突っ込む、相手が攻めてくるときの入り口で守る、宝を守る人などを決める。
- 早くゲームを終了をしたいときは「宝物場を触る・踏む」で終了。長くする場合は、宝物を自分の陣地に置けば終了（下に落とさない。味方に渡してもいい）。
- アウトになっても陣地に戻れば、「2回目！」で復活できる。ルールを覚えるために、1年生は復活の数を増やすこともある。

ちょこっとエピソード

高学年のガキ大将のやさしさにフッと出会えることもある。S君と下の子との勝負。前までは怒っていたのに、笑っている風景。また、低学年はぶつかり合ってよく泣くけど、高学年が、「大丈夫？」とやさしい声かけや、長椅子にそっと連れていく姿。下の子からの高学年へのあこがれでもあり、高学年は居場所の中心格として重要なのです。

(Y)

作業療法士の視点から

5 「外遊び」Sケン

遊びに含まれる要素

運動の要素

姿勢保持・バランスに注目！ → p.38

　ケンケンは片足で移動するのでバランス能力が必要です。ケンケンしながら敵の居場所を確認したり、抜け道を探したりと、いろんなところに注意を向けている間に、無意識下でバランスをとる力が育ちます。移動中に敵につかまらないように相手の攻撃を避けたり、押し合う際に「おっとっと」と両足をつかないようにバランスを取りながら動く力、引っ張る（引っ張られる）、押す（押される）ことで引き込まれないように、押し出されないように腰回りにぐっと力を入れて踏ん張る力は、姿勢を保つ力につながります。

力加減に注目！ → p.40

　一見、手や足の引っ張り合いをするときは、力いっぱいしているように見えます。でも実は、引っ張ったときに相手がどれくらいの力で、どの方向に向けて抵抗しているのかをカラダで瞬時に感じとり、無意識に相手に怪我をさせないように力を加減しながら、相手の動きに合わせてタイミングよく素早く、柔軟にカラダを動かしているのです。異年齢で遊ぶことでカラダの大きさ、男女によってもいろんな力加減を知るチャンスになり、身のこなしがより上達する機会になります。

> **Re: ちょこっとエピソード**
>
> 　低学年の間に加減なく思いっきり押し、ぶつかり、互いに痛みを知ることで、どの方向に押せば、どんな力で引っ張れば痛くないかな？と力加減できるようになっていきます。経験を通して感覚面が育つことで相手を思いやる気持ち（感情面）も育ちます。

おっとっと！ 引っぱったりぶつかったり
思いっきりカラダを動かしながら、姿勢や力を調節する力をつけよう！

こんな様子がみられたら

ケンケンが長く続かない

ふにゃふにゃさんは、うまくバランスが取れずケンケンが続きません。

→「両足飛びをルール」「ケンケンの足を交代してもOK」など、みんなが参加できるルールをつくったり、休憩場の位置や大きさ、数を工夫してみましょう。

押したり、引っ張る力が強く乱暴に見える

どれくらいの力で引っ張り、押したのかがわかりにくい子どもは、なぜ友だちがこけたのか、痛がっているのかがわかりづらいため、友だちが泣いていることも、自分が叱られていることもわかっているけれど、いくら注意されてもくり返してしまうことがあります。

→ わざとじゃないのに僕ばかり叱られる……となる前に上手くできた場面で「今の力加減、いいね！」とすぐに伝えたり、子どもの手を取って、一緒に「これくらいの力だよ」と感覚を通して伝えるのも一つです。相撲やおしくらまんじゅうなど、お互いの力の強弱を感じる活動も力加減を学ぶ機会となります。

OTが考える！ 遊びの展開例

「爆弾」：水入りペットボトル（爆弾）を行く手にランダムに置き、当たらないように気をつけながら戦います。複数に注意を払うことで、より無意識下で姿勢をコントロールする力が育ちます。

「シッポ取り」：低学年やカラダがぶつかることが苦手な子どもたちがする場合、Sケン＋しっぽ取りも段階づけとして導入しやすいです。相手の動きに合わせてタイミングよく、素早く柔軟にカラダを動かす練習になります。

「上級編」：高学年やSケン上級者は、利き足とは反対の足でケンケンをする。手や足を使わず肩や尻を使って戦うなど、普段と違う不慣れな動きにもチャレンジしてみましょう。いつもと違う角度から戦うと、より姿勢保持・バランス能力が高まります。

(Ma)

「外遊び」
一輪車

ねらい
- バランスを取りながら漕いで進む。
- フラフラする感覚を楽しむ。
- 少しずつ乗れるようになっていく喜びや手応えを感じる。
- （1人で乗れないときには）仲間と手を取り合って、助け合ったり支え合ったりする。
- 一輪車の仕組みを知る（ペダルと車輪のつながりや高さの調整法など）。

ちょこっとエピソード

　毎日一輪車に励んでいた1年生女子。彼女は「うわー、怖い……」と言いながらも、一輪車（のペダル）を「2回し」→「3回し」→「4回し」と柵から手を離して漕げるようになり、その度に「2回できた！」「3回できた！」「めっちゃできたー！」「イェーーイ!!」とうれしそうにしていた。そして、最後に「わたし"飛び立った"けん!!」と言っていた。手を離して乗れたときというのは鳥になった気分なんだろうか。

活動への導入

- 低学年〜高学年まで、それぞれのカラダの大きさに合わせた一輪車を用意する。
- つかまって乗ることができる環境を整える。
- 「どこからどこまで進んだ」かが、目に見える形（線や数字など）でわかるようにする。
- 乗るだけではなくて、逆さまにしてペダルをぐるぐる回して遊ぶなど、本来の遊び方ではない遊び方をしていても大目に見る。
- とにかく「回す!!」（タイヤ、ペダル、サドル、サドル調整用の金具）。

活動を楽しむために

- まだ手を離して乗れないときの手を取り合って、支え合う時間を大切にする。
- 手を離して乗れても乗れなくても、いろんな場所や道で楽しむ。
- 一輪車のさまざまな技に挑戦してみる。

＼ 遊びのバリエーション ／

- 「その場乗り」（つかまずに乗り始める）
- 「一輪車マラソン・リレー・障害物競争（道を描いたり、ちょっとした段差をつくったりする）」
- 「かき氷屋さん」（逆さまにしてペダルを回す）

＼ 高学年向けに… ／

- かなり上手に乗れるようになった子は、2人で手をつないで一緒に進んだり、その場でぐるぐる回ったり、仲間と一緒にする技に挑戦してみてもいいでしょう。

(N)

作業療法士の視点から

「外遊び」
一輪車

遊びに含まれる要素

感覚の要素

前庭感覚に注目！ → p.28

　一輪車に乗ると、いつもより少し高い感じ、ふらふら揺れる感じ、カーブを回る感じ、スピード感やスピードの変化などを感じます。スピードに乗って駆け抜けるときの爽快感も魅力です。

運動の要素

姿勢保持・バランスに注目！ → p.38

　カラダがクニャクニャしていては、一輪車には乗れません。体幹の筋肉に力を入れて、まっすぐな姿勢を保ち続けることが大事です。また、揺れながら前後左右のバランスをとって進む"動的バランス"の力も必要です。前庭感覚と固有受容感覚が協力して働くことで、姿勢を保ちながら進むことができます。はじめは、両手を支えてもらったり棒を掴んだりして、バランスの感覚をつかみましょう。

身体図式に注目！ → p.39

　何度もチャレンジを繰り返すうちに、カラダが一輪車になじんできて、うまく乗るコツをつかむことができます。このとき身体図式は変化し、自分のカラダから地面と接するタイヤにまで拡張されます。見ていなくても、自分の頭からタイヤまでがまっすぐ地面に立っている感じがイメージできるでしょう。カラダと一輪車が一体となった感覚がつかめれば、走り出す準備はOKです。

順序立てに注目！ → p.41

　一輪車を漕いで進むためには、いくつかの段階をクリアしないといけません。まずは、「乗車」。乗車は「❶サドルをまたいで→❷下のペダルに足をのせ→❸その足でペダルを踏み込みながら→❹体全体を一輪車の上にのせて→❺上のペダルに足をのせる」ことができればクリアです。このように動作を順序よくつなげることで、スムーズな乗車ができます。

> 一輪車はバランスが命！
> 何度もチャレンジして、一輪車と一体となって動く感覚をつかもう。

こんな様子がみられたら

乗車ができない

前頁の❸～❺での体重移動がスムーズにできないのかもしれません。怖々乗っているうちは、どうしても腰が引けてしまい、後ろに落ちてしまいます。

→ ペダルを下に踏み込む力の反作用で、真上に伸び上がるようにして乗るとうまくいきます。「背筋をピン」「おへそを前に突き出すように」といった声かけや、"名人"の乗り方をよく見ることで、コツをつかめるかもしれません。サドルが低すぎる場合は、高さを調整します。

漕ぎ出すことができない

揺れや傾きに対する恐怖心が大きいのでしょう。

→ 一輪車を漕ぎ出すためには、自ら姿勢バランスを崩すように前に出なくてはなりません。「思い切ってやってみよう！」という声かけが背中を押すこともあります。不安が強い場合には、「ペダルローラー」「ペダロ」など、安定感のあるペダル乗り物からチャレンジしてみては。

バランスを崩してしまう

姿勢は目線によって維持されるので、足下を気にして下を向いてしまうと姿勢が崩れます。

→ 「まっすぐ前を向く」ように、視線の先に目標物を定めましょう。そうすることで、姿勢バランスを保つことができます。スピードに乗らないとふらついてしまうので、勢いも大事です。

OTが考える！ 遊びの展開例

「オンザライン」：グラウンドに自分たちで線を引いてコースをつくり、その線上を通っていきます。直線、カーブ、8の字、途中に段差やスロープなどの難所をつくってもいいです。バランス感覚がどんどん磨かれて、姿勢の力も高まります。

Re: ちょこっとエピソード

鳥が羽を広げて飛び立つ動きは、一輪車上で腕を広げて漕ぎ出す動きと似ていますね。こんなふうに動きのイメージを描くことも、上達のポイントです。

(T)

「外遊び」
ドッジボール
No.7

ねらい

- ●ルールを守って、仲間とドッジボールを楽しむ。
- ●簡単な作戦を仲間と立てて楽しむ。
- ●投げる・捕る・逃げる動きを通して、スリル感を味合う。
- ●チームワークを通して他者（異年齢）とのつながりをつくる。

＼遊びのバリエーション／

- ころがしドッジ ・ソフトドッジ ・サバイバルドッジ ・王様ドッジ ・復活ドッジ
- コートの形を工夫（三角、丸、ひょうたんなど）
- ルールの工夫（制限区域、ボールの数、内野、外野のルールなど）

活動への導入

- ドッジボールは、手軽に異年齢で楽しめるボール遊びです。しかし、力強い子どもが勝ち負けに流れを作ってしまうことにもなりかねません。中心になる子どもたちがバランスを考え、チーム分けができるように見守ることも必要になるでしょう。
- メンバーに応じたルールを決めて、遊びが始める前に決めたルールを子どもたちへ伝えられるよう配慮する。審判がいないとき、トラブルになることがあります。その場合は、ストップをかけて、ジャンケンをするなど習慣化しておく。
- とったボールは、自分で投げるように徹する。譲ることを強要したり、ボールを譲るのは本人のためになりません。

活動を楽しむために

- チームがわかるように初めと終わりは互いに向き合う。
- ルールやマナーが理解できているかを観察して、必要に応じて助言する。
- 異年齢で行うときの力加減を指導する。
- 子どもの体力や技量の違いがある中で、指導員は子どもたちの優しさを培い、子どもたちが年を追って、自らの成長を自覚していく喜びを見つけて伝える。

ちょこっとエピソード

　4年生のA君は、なかなか集団のルール遊びに参加できなくて、みんなで遊ぶことを避けていました。しかし、いつか参加したいと心の中では思っていたのか、4年生になって毎日のようにみんながするドッジボールを外で見ていました。
　あるとき「僕もやってみたいな〜」と指導員につぶやくけど、「よしてー！」という勇気がもてません。それでも「一緒に入ろか……」と指導員に後押しをしてもらい仲間入りができました。そして、毎日がドッジボールを楽しむ日々となりました。6年生になったときは、優しい低学年を率いてドッジボールを楽しむことができていました。

（K）

作業療法士の視点から

「外遊び」
ドッジボール

遊びに含まれる要素

運動の要素

姿勢保持・バランスに注目！　　→ p.38

　ボールから逃げるときには、筋肉を強く働かせて俊敏に動きます。しゃがんだり、ジャンプしたり、反らしたりなど、さまざまな姿勢でボールに当たらないようにします。その際、転ばないように姿勢を安定させ、バランスをとっています。

両側協調・順序立てに注目！　　→ p.41

　ボールを両手でキャッチするときには、ボールが飛んでくる方向を予測して、構えをつくり、タイミングよく両腕を協調させて動かします。ボールを投げるときには、利き手でボールを持ち、腕を振るのと同時に、利き手と反対の足を前に出して、カラダを捻りながら投げます。このように左右の手足の協調した動きが必要です。

投げる、逃げる、キャッチする。
ドッジボールには、カラダを協調させる3つの動きが大切！

こんな様子がみられたら

ボールに当たりやすい

筋肉を働かせて、俊敏にカラダを動かして逃げることが難しい子どもがいます。
→ ころがしドッジであれば、下から投げて転がすので、スピードが遅くなり、逃げやすくなります。支援者は転がすボールのスピードや投げる方向を、子どもの状態に合わせて加減をするとよいでしょう。

ボールを上から投げることが難しい

両手や手と足を協調して動かすことが難しい子どもがいます。ドッジボールのボールは大きく、片手ではボールが安定しません。
→ 両手でボールを持ち上げて「いち、にの、さん」の合図で投げるとやりやすいでしょう。また、片手で持てる程度のボールで投げる練習をすると上手に投げる力につながります。その際、あらかじめ投げるほうの腕と反対の足を出しておくと、カラダが捻りやすくなります。

OTが考える！ 遊びの展開例

「コートが変わる」：コートの形を三角・丸・ひょうたん形にしたり、大きさを変えることによって、相手チームとの距離が近くなったり、遠くなったりします。相手との距離が近くなると、逃げる側の俊敏性（筋肉の強い収縮）がより求められます。反対に遠くなると、投げる側のボールのコントロールが求められ、両手足を協調させて、タイミングよく投げる力が必要となります。

「マルチドッジ」：ボールの数を増やしてもおもしろいでしょう。相手に狙われることが増えるので、より周りに気を配らなければなりません。当たらないようにさまざまに動きまわるために、姿勢を整える力が高まります。また、飛んできたボールをキャッチする回数が増えることで、両手を協調させる力も伸びるかもしれません。

(Mo)

「外遊び」
ブランコ

ねらい

- バランス感覚を養う。
- リズミカルな動きとスピード感を楽しむ。季節の風を楽しむ。
- 全身を使って安定させた座り方を覚える。
- 漕ぐ・つかむなど、足を伸ばしたり曲げたりの動作をしながら、重心の移動を覚える。
- 乗る順番を守ることで、社会性が身につく。

活動への導入

- 自分の足が地面に届くことを確認する。怖がる子どもは、低いブランコを選ぶ。
- 危険と隣り合わせなので、周囲の友だちへの配慮を促す。
- 順番を守れるように事前にルールを決めておく。
- ブランコを降りるときに、足の裏でスピードを落とす方法を伝える。
- 二人乗りや鎖の部分を巻き上げて高いブランコにするなど、危険であることを伝え、基本の遊び方を促す。

活動を楽しむために

- ブランコを漕ぐことができないときは、指導員に背中を押してもらう。
- スピードが出る中で「どこまでやっていいのか？」の加減を自分で体験しつつ、身につける。
- 限られたブランコしかないので、順番待ちや交代がスムーズにいけるように言葉がけをする。
- 転倒や衝突などのトラブルが起こることもある。指導員の配置に十分気をつける。
- 鎖やねじ、板の破損や腐食などの定期的な点検と注油を行う。

ちょこっとエピソード

　なかなか帰ってこない1年生。学校のほうへ迎えに出てみると、下校途中にあるブランコが、子どもたちの休憩場になっていました。ランドセルを背負ってブーラブラ！　そんな日々が続いて、とうとうブランコの上にノートを広げて、ゆらゆら揺れながら宿題をしています。限られたブランコの数、取り合い、順番待ち？　あまりにも毎日続くのである日、
　指導員「ノートの中の字は、丁寧にかけているのかな……？」
　A子「クラクラしだした。もうや～めた」
　どうやらノートの中の字を、先生に注意を受けたようですね。

（K）

作業療法士の視点から

「外遊び」 ブランコ

遊びに含まれる要素

感覚の要素　前庭感覚に注目！　→ p.28

　ブランコは前後にくり返し揺れるので、とても心地よさを感じます。また、風を切って動くので、スピード感を肌で感じることができます。大きく揺れて高いところまで上がったときには、ふわっと浮いたような感じがします。それがスリルに感じることがあります。前庭感覚には、このような揺れやスピードの感覚を感じ取る役割があります。

運動の要素　姿勢保持・バランスに注目！　→ p.38

　ブランコに座って乗ると、地に足がつかない状態になります。また、ブランコが前後に揺れるときには、座面も傾くために姿勢を保ちながら足やカラダでバランスをとらなければなりません。立って乗ると、狭い座面に両足のみで立つため、座っているときよりもバランスが必要になります。

両側協調・順序立てに注目！　→ p.41

　ブランコを漕ぐときには、落ちないように両手でチェーンをしっかり持ちます。漕ぎ始めて、前に動かすときには、カラダを後に倒しながら両足を同時に伸ばしブランコを動かします。後ろに戻るときには、カラダを戻し、足を曲げます。大きく揺らすには、両膝の屈伸を繰り返すといった運動の順序立てが必要です。

ゆらゆら揺れる心地よさとふわっとするスリルを感じよう。
揺れに合わせて、カラダと足をリズムよく動かそう。

こんな様子がみられたら

ブランコの揺れを怖がる

少し揺れただけでも怖がる子どもがいます。
→ ブランコの座面が動かないようにして、ブランコに座るところから始めるとよいでしょう。そして、少しだけ揺らすように声をかけ、自分のタイミングで少し動かし、少しずつ揺れに慣れるとよいでしょう。幼い子どもであれば、支援者の太ももの上に子どもを乗せ、安心感をもたせて、ゆっくり動かすのでもいいと思います。

ブランコを漕ぐことができない

順序よくカラダを動かすことが難しくて、漕げないようです。
→ 始めは子どもの背中を押して、ブランコを動かし、言葉で動きを教えてあげるといいです。たとえば、前に動かすときには、「足を伸ばして」、戻るときには、「曲げて」と声をかけると、ブランコを漕ぐタイミングがわかってきます。コツをつかんでくれば、言葉かけを少しずつ少なくしていきましょう。

足を
伸ばして〜

曲げて〜

OTが考える！ 遊びの展開例

「**靴飛ばし**」：ブランコに乗りながら靴を飛ばして、飛んだ靴の距離を競う遊びもおもしろいと思います。遠くへ靴を飛ばすときには、膝を曲げ、ブランコが前に来たときに、「えい！」とタイミングよく膝を伸ばします。カラダが後ろに傾くので、しっかり両手で鎖を握っておかなくてはなりません。座位のバランスや順序立てる力が高められます。

「**ブランコに乗ってボールで遊ぼう**」：ブランコに乗ってのボール蹴りもお勧めです。子どもはブランコに座って乗り、支援者がボールを子どもの前に置き、それを蹴って、ゴールに入れたり、的を倒したりしてみてもおもしろいでしょう。足を動かしてタイミングをとる力が伸びると思います。その他にも、両足にボールを挟み、ボールを飛ばして大きなかごに入れる遊びもあります。これは、両足を協調して動かす力を高める遊びになると思います。

(Mo)

No.9 「外遊び」ジャングルジム

- 全身を使って遊ぶ。
- 狭い所を抜けたり、登り下りや懸垂移行、渡り歩きや飛び降りをしたり、逆さ姿勢などを楽しむ。
- 立体的な空間を楽しむ。
- ボール当て遊びで、ボールに当たらないように、バランスと空間の中で、カラダを動かして遊ぶ。
- 一番上に上ることで下を見下ろしたとき、上まで上がった達成感を味合う。

活動への導入

- 高いところが怖い子どもには、低い1段目から上がったり下りたりして慣らしていく。
- 上がっているときは、友だちを押したりしない。
- 危険と隣り合わせなので、周囲の友だちへの配慮を促す。
- 途中に板で足場を作ると、そこまで上がると、安心して次の動作への余裕がもてる。

活動を楽しむために

- 鬼ごっこの逃げる場所。高鬼。
- 段ボール遊びと合体しての基地づくり。ごっこ遊びのフィールドとして。
- ジャングルジムに上がっている子どもへ、ボール当て鬼ごっこをする。
- 転倒や衝突などのトラブルが起こることがある。指導員の配置に十分気をつける。

ちょこっとエピソード

基地遊びやごっこ遊びには最高の場所。あるときジャングルジムの前に紙が貼られています。そこには「筋トレクラブ」と書いてありました。会員制のようです。毎日下校後、そこに何人かの子どもたちが集まります。ジャングルジムにぶら下がったり、歩いたりと「ファイト」「頑張って頑張って!」とトレーナーと名のつく子のかけ声で繰り広げられるごっこ遊び「筋トレクラブ」の一コマです。

(K)

作業療法士の視点から

「外遊び」
⑨ ジャングルジム

遊びに含まれる要素

運動の要素 身体図式に注目！　　　　　　　　　→ p.39

　ジャングルジムをくぐり抜けるときには、身をかがめて頭から枠の中をくぐります。そのときに、枠の大きさに対して自分のカラダの大きさを認識する必要があります。もし、カラダの大きさをきちんと理解していないと、身をかがめることが不十分で、ごつんと枠に頭を当ててしまい、痛い思いをするかもしれません。

　ジャングルジムの上から降りるときには、足をどこに置けばよいのか、目で確認しにくいときもあります。足のイメージがはっきりしなければ、適切なところに足を置くことができず、踏み外してしまい、ちょっと危ないかもしれません。

両側協調・順序立てに注目！　　　　　　→ p.41

　ジャングルジムに上るときには、左右の手足を協調して、順序よく動かす必要があります。1段上の枠に上がるために、片方の手を伸ばして枠を持ちます。それと同時に同じ側の足を曲げて上がります。このように手足を交互にくり返して動かし、上まで登っていきます。

 →  →  →

上ったりくぐったり、カラダの大きさを感じ取ろう。
手足を交互に順序よく、空間移動もスムーズに！

こんな様子がみられたら

高いところを怖がる

ジャングルジムの1段目さえも高さを怖がり上がれない子どもがいます。

→ こんなときには、別の遊具に関わることから始めるとよいでしょう。たとえば、滑り台であれば、階段の両脇に手すりがあり、それを持つとカラダが安定します。また、その階段はジャングルジムの枠よりも足を置くスペースが広いため、安心して上り下りできます。このようにして少しずつ高さに慣れていきましょう。ジャングルジムの下に台を置いて上りやすくしてもよいでしょう。怖がる場合には、大人が子どもの後ろにいると、子どもはほっとするでしょう。上に上るだけでなく、横に動いてみたりするのも、高さに慣れるいい経験です。

枠をくぐり抜けることが難しい

ジャングルジムの中は、手足を動かす場所が限られていて上手に枠をくぐれない子どもがいます。これは、身体図式が曖昧であったり、両手足の順序立てが難しかったりすると、スムーズにくぐり抜けることが難しくなります。

→ ジャングルジムで遊ぶ前段階として、フープで遊ぶとよいかもしれません。フープであれば、床面でカラダを動かすことができるため、くぐり抜けやすいです。始めは大きなフープをくぐり、上手くいけば、少しずつ小さなフープに変えていくとよいでしょう。慣れてくれば、支援者がフープを手に持ち、高さをつけてもよいかもしれません。いくつかのフープをひもでくくってつなぎ合わせて、さまざまな方向からくぐって出る遊びもお勧めです。

OTが考える！ 遊びの展開例

「探検隊」：ジャングルジムに長い紐を通して、ひもをたどるように移動すると、迷路のようになり、探検気分を感じることができます。子どもの身のこなしに合わせて、ひものたどり方を複雑にするとよいでしょう。上ったり、降りたり、くぐったりするので、身体図式や運動を順序立てる力が高まります。

「ジャングルおにごっこ」：カラダを動かしたい欲求が強い子どもには、ジャングルジムの中だけをフィールドにして、鬼ごっこをするのもよいでしょう。鬼から逃げたり、鬼になって捕まえたりするため、自分の体重を支えながら素早く移動することになります。このときには、より強い筋肉の収縮が得られ、感覚欲求を満たすことができるでしょう。

(Mo)

「外遊び」
イロハニこんぺいとう

- 寝転んで通り抜けたり、ジャンプしたり、間をすり抜けたり、ひもに触らない身のこなしを覚える。
- ひもを持つ人は、相手が通れない形を2人で工夫してつくる。
- 潜りメンバーは、ひもの形を見ずに、自分の行動を宣言し、実行に移す勇気を学ぶ。

- 大縄跳び、ゴム弾などの長いひもを2本で行う。
- ジャンケンで負けた2人がひもを持ち、「イロハニこんぺいとう！」のかけ声で、ひもの形を作る。
- 潜りメンバーは、必ず後ろを向き、「上！」「中！」「下！」と言う。ひもを見て、カラダに当たらないように潜り抜ける。
- ひもに触れた人は、ひもを持つ人と交代する。3人以上がアウトの場合はジャンケンで決める。

> （例）①ひもが2本を地面に付けた場合　→　「上→○」「中→×」「下→×」
> 　　　②ひもが2本を頭の上に持った場合　→　「上→×」「中→×」「下→○」
> 　　　③ひもが2本を上記以外の場合　　　→　「上」の人はジャンプ、「中」「下」
> 　　　　を言った子は、触らぬように工夫する。

👑 活動への導入

- 初めてチャレンジする子には、潜り方を自分で考えさせ、行動に移し「失敗してもいいよ。楽しく遊ぼう！」ということを経験させる。
- 「失敗への不安」がある子には、一緒に潜り方を体験し、失敗を笑いに変えていく。
- 子どもたちの笑い、あこがれをみんなで共感することを覚える。

👑 活動を楽しむために

- ひもメンバーと潜りメンバーに大きなかけ声をみんなでかけていく。
- 挑戦していない潜りメンバーは、仲間の応援をする。

ちょこっとエピソード

ルールではタブーでも、あの手この手でカンニングする子はいます。手を目に当てながらチラチラと見る子もいれば、ガラスで密かに見る子もいたり……。「えーっ！ 見ちゃだめだよ！」「ガラスのない方に変えよー」。その様子を見ていると、クスクス笑ってしまいます。「正か悪か」を自分で判断し、みんなで確認することも集団遊びの基本ですが、低学年の「悪＝エゴ」をやさしく見てあげ、やさしく教えていくことが異年齢仲間だと思うのです。

(Y)

作業療法士の視点から

「外遊び」
イロハニこんぺいとう

遊びに含まれる要素

運動の要素

身体図式に注目！ → p.39

　ひもが簡単に通り抜けられない位置にある場合、子どもたちは頭の中で自分のカラダと相談します。ひもの高さに合わせて、どれくらいかがむのか、どれくらい足をあげればバランスを崩さずまたげるのか、どれくらいの勢いなら飛び越えられるのかを判断し挑みます。

　子どもたちは上手にできるようになると、わざとリンボーダンスのようにグッとカラダを反る、ひもの向こう側に両手をついてクルッと側転しながら越えるなど、いろんな動きにチャレンジしだします。地面スレスレをくぐる方法もほふく前進、仰向けになって進む、ゴロゴロ回転してみるなどさまざまです。

　ひもに当たらないように「頭を傾ける、肩をすくめる、腰を落とす、足をぐっと引き上げる」など試行錯誤する中で、自分の手足の長さやカラダの大きさが明確になり、できることできないことを学んでいきます。

　また、新たな動きへのチャレンジや毎回違う環境に合わせてカラダを動かすことは、より複雑な身のこなしを獲得し、どんどん身体図式が洗練され、自分と人や物との距離感や位置関係を把握する力につながります。

　ひもを持つ人が、相手の動きをシュミレーションして低めにしたり、わざと飛び越えるかくぐるかの判断が難しい高さにしたり、相手に合わせてひもの高さを調節することができるのは、身体図式のおかげなのです。

こんな様子がみられたら

毎回、ひもに触れてしまう

　自分のカラダの大きさや動き（身体図式）が曖昧であると、通れると思っていたのに引っかかってしまうことがあります。ひもの位置を調節し、通れる空間を広げ、子どもにとってちょうどよ

『イロハ〜ニこんぺいとう♪』「下！」「よし！這っていこう！」
自分のカラダと相談しながら、身のこなしをレベルアップしていこう！

いチャレンジになる高さにしてあげましょう。ちょっと惜しい！　そんなときは、ひもを持つ側がすっと人差し指でひもを浮かせてあげる「お助けルール」や、成功体験を積むために「カンニング3回までOK」など、カラダと相談したり、友だちの様子を見るチャンスタイムを提供するのもひとつですね！

ひもに触れたのに進んでしまう

触れたという感覚に気づきにくい場合があります。
→ ひもに鈴をつけて音を手がかりにしたり、触れた感覚がわかりやすいように、ひもの代わりに竹竿など、固いものにしてみるのもいいでしょう。

Re: ちょこっとエピソード

もしかすると「カンニング」は、子どもたちによっては別の意味があるかもしれません。身体図式の曖昧な子どもはひもの位置を見ることで、どうやって通り抜けるかカラダと相談でき安心できるのかもしれません。カンニングが「みんなと一緒に参加する手段」につながっていたとしたら素敵ですね。

OTが考える！　遊びの展開例

「クモの巣」：くぐり抜ける選択肢は上、真ん中、下の3つですが、真ん中を選択することが一番、カラダの複雑な動きを必要とします。真ん中を通るルールを設け、間隔の狭さ、高さ、傾斜などゴムひもの位置を工夫してみましょう。
　足にもゴムひもを結ぶとより複雑な形ができ、クモの巣のできあがり！　持つ側も工夫が必要です。振り向いたときにどんな形になっているのかワクワクしますね！

「ペアで進もう」：友だちと手をつないで一緒に進むと、相手の状況や動きに合わせ、自分の動きも調節する必要があります。互いに声をかけ合い協力し合うなど、複数のことに注意を向けるので難易度がより高くなります。

(Ma)

「外遊び」
段ボール遊び

- 段ボールの素材を楽しむ。
- 仲間と工夫しながら協力し合って遊びを自ら作っていくことを楽しむ。
- 仲間と一緒に目的を達成する喜び。「できた」という喜びを味わう。
- ダイナミックな遊びを楽しむ。
- 失敗も経験し、次への切り替えを経験する。
- ボディーイメージを育む。
- 異年齢のつながりの場。

※ダイナミックさは減りますが「室内遊び」でもできます。

活動への導入

- 大小さまざまな段ボールを集める。
- 継続的に遊ぶことができるスペースを確保する。
- 段ボールという素材に十分触れていくことから遊びへと展開していく。
- 一人でできる段ボール遊びを事前にする（空気砲・キャタピラーなど）。

活動を楽しむために

- はじめは「〇〇を作ろう！」から仲間ができる。
- しかし、作業が進むにつれて変化してくるが、しっかり仲間と話し合うことを指導する。考えがぶつかり合うことも大切な作業なんだと指導する。その中から、仲間の意見やアイデアを認め合ったり、助け合ったりが生まれてくる。
- 高いところからのバランスや落下などに気をつける。
- 色を塗ったり、貼ったり、絵を描いたりなど、さまざまな活動へ展開していく。
- 失敗も経験する中で、次への気持ちの切り替えを励ます。

遊びのバリエーション

- 基地作りへと変化していく。
- お化け屋敷など、ごっこ遊びも展開されていく。

ちょこっとエピソード

言葉での表現が苦手な子でも、積極的に道やトンネルを作っていくうちに、仲間に認めてもらう中で遊びに参加することで「できた」を体感できる。最高の笑顔に出会えます。

(K)

作業療法士の視点から

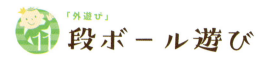
「外遊び」
段ボール遊び

遊びに含まれる要素

感覚の要素

触覚に注目！ → p.31

　段ボールを手で触ると、すべすべとした感触があります。段ボールを敷きつめて、靴下をはいて歩くと、表面が滑るように感じます。また、その上に寝転ぶと、床面に比べて柔らかさや心地よい冷たさを感じます。

運動の要素

　段ボールは素材ですので、それをどのように使用するのかによって求められる運動の要素は違ってきます。ここでは、ダンボールをつなげてトンネルのようにして遊ぶときのことを考えてみましょう。

姿勢保持・バランスに注目！ → p.38

　トンネルをくぐるときには、四つ這いになることがあります。この四つ這いの姿勢は、体重を支えるために、肩やお尻、カラダの筋肉を十分に働かせる必要があります。カラダの筋肉が弱いと、お腹が落ちてしまったような姿勢になってしまいます。

身体図式に注目！ → p.39

　トンネルの中で身をかがめてくぐると、自分のカラダの大きさを感じ取ることができます。トンネルが狭かったり、曲がりくねっていたりすると、より自分の身体図式の把握が必要になります。

両側協調に注目！ → p.41

　トンネルをつなぎ合わせるときには、ハサミやカッターナイフを使用します。利き手で道具を持ち、非利き手で段ボールを動かしたり押さえたりします。利き手は視覚の情報を用いて誘導されています。視覚からの情報を得ながら道具の方向を操作しています。非利き手は固有受容感覚の情報を用いて誘導されています。目で見なくても、利き手の動きに合わせて、非利き手を上手に動かすことができるのは、固有受容感覚がうまく働いているからです。このように両手をうまく使って道具を使用し、形作ることができます。

段ボールを使って、大きい作品を作るんだ。
道具を使う手、補助する手、両手を上手く使おう！

こんな様子がみられたら

道具の使用が難しい

両手を協調して使うことが難しい場合には、ハサミやカッターナイフなどの道具の使用が難しくなります。

➡ 始めから段ボールを使用せず、コピー用紙→厚紙など、紙の硬さを少しずつ硬くしていくとよいかもしれません。

両手をうまく使えなかったり、手の力が弱く、紙テープやガムテープを切ることができない子どもがいますね。

➡ 紙テープやガムテープは、硬さがあったり、真っ直ぐに切ることが難しかったりします。支援者が養生テープを使用すると、少しの切り込みを入れておくだけで、真っ直ぐに切ることができやすく、手の動かす方向も理解できるようになるでしょう。慣れてくるに従い、切り込みをなくしていきましょう。

OTが考える！ 遊びの展開例

「**段ボールキャタピラー**」：段ボールキャタピラーは、段ボールを長方形に切り、子どもが入ることができる程度に丸くして作ります。その中に入って四つ這いになり、前進することで、手足の筋肉を働かせることができるので、姿勢を整えることができますね。

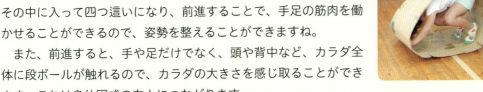

また、前進すると、手や足だけでなく、頭や背中など、カラダ全体に段ボールが触れるので、カラダの大きさを感じ取ることができます。これは身体図式の向上につながります。

「**段ボール芝すべり**」：段ボールを持って、川の土手に行ってみましょう。段ボールを殿部の下に敷き、滑るととても気持ちが良いと思います。川の土手は、でこぼこがあったり、急斜面でスピードが出たりするので、座位の姿勢を整えるのによい遊びになるでしょう。

> **Re: ちょこっとエピソード**
>
> 言葉で表現することが苦手な子どもでも、段ボールを切ったり、貼ったりして、大きくカラダを使う中で、みんなと同じような感覚を感じることができますね。それが共有体験となり、言葉はあまりなくても仲間としての一体感を感じることができるのだと思います。

(Mo)

コラム　おやつ

「おやつは、ホッと一息！　会話でつながる仲間たち」

　子どもたちは、帰ってくるなり、「今日のおやつは何？」と駆け込んできます。地域のOBから届いたトウモロコシの皮をむきながら「トウモロコシも最後だね」って、子どもと指導員の会話がはずみます。3年生のA子は、「ひなづる※のおやつ大好き」と言って話しかけてきます。「何が大好き？」って聞くと、お店で売ってるお菓子と違うから。「そっかー！」と、その言葉にとっても喜ぶ指導員。これからもおやつ頑張るね！と約束する。この日のトウモロコシの素揚げは大好評でした。（※ひなづる＝学童保育所の名称）

　一日保育の時、子どもたちと「クレープ屋さん」に挑戦。6年生のKちゃんを中心に、5年生R君、1年生のU君で材料を買い出して、卵を割って粉を混ぜ、さてフライパンへ……！「薄く流すんで〜」とKちゃんが言います。「やっぱ無理」と言って「最初は先生がして」と……「ではお手本を……」そんなやり取りの末、最後まで子どもたちだけで完成！　おやつを決めて材料も買って作る。そして片付ける。時間があるときはこの流れを、みんなと経験することにしています。**のんびりほのぼのおやつタイムは、子どもたちの希望のようです。**

　おやつはとても楽しみな時間です。季節や天候、匂いや味とさまざまな「感」を感じ取ってもらいたく、子どもたちの意見も取り入れながら準備します。アレルギーなども事前に把握しておくことが重要です。

　成長期の子どもたちの胃はまだ小さくて、三度の食事だけでは必要なエネルギー源をまかないきれません。なかには、学童保育を終えてスポーツクラブや塾などへ行き、夕食をとる時間が遅い子どももいます。栄養を補う面からもおやつ（補食）は必要と考えています。

　放課後の生活の中で元気に活動するためにもおやつは欠かせません。

　みんなと一緒に作り、「同じものを分けあって」食べ、おしゃべりして過ごすおやつの時間は、子ども同士の気持ちをなごませ、関係を近づける時間になります。

(K)

作業療法士の視点から

おやつづくりやお手伝いは、学童保育の生活の中で、子どもの成長を育むためにとても大切な活動ですね。大きくなって生活力をつけるためにも必要です。また、それらの活動の中にも、感覚や運動の要素が織り込まれており、子どもの成長を助けます。ここでは、生活に関する活動についてOTの視点で紹介します。

●おやつ作りの工程

おやつの選択 → 材料の買い出し → 調理 → おやつを食べる → 片付け

☆ここでは、「調理」と「おやつを食べる」工程について紹介しましょう。

調理

運動の要素●両側協調・順序立て

調理では、包丁、フライパン、鍋、お玉、フライ返し、ピーラーなど、さまざまな道具を使いますね。たとえば、包丁でキュウリを切る場合、利き手で包丁を持ち、非利き手でキュウリを押さえますね。このように両手を上手く協調させています。また、手際よく切るには、包丁を少しずつずらしながら順序よく切ります。

クレープ作りでは、片方の手にお玉を持ち、フライパンの真ん中に生地を入れます。同時にもう片方の手でフライパンを回しますね。このとき、生地の広がる方向を考えながら、腕を順序よく動かす必要があります。

おやつを食べる

感覚の要素●味覚・嗅覚・触覚・固有受容感覚・視覚・聴覚

おやつを食べるときには、味（味覚）、おやつの匂い（嗅覚）、食感（触覚）、歯ごたえ（固有受容感覚）、見た目（視覚）、噛んだときの音（聴覚）といったさまざまな感覚を感じ取ることができます。おいしいものを食べたときには、これらの感覚が刺激され、さらに食欲が出ますね。買い出しから作る工程までを見て触れて体験することで、おやつの食材や調味料のこと、調理によって姿形が変化する様子を知ることができ、子どもは食べ物に対して安心感をもちます。さらにみんなが楽しそうに食べていると、偏食があったり、食わず嫌いな子どもでも挑戦する気持ちが芽ばえて、食の楽しみが少しずつ広がるかもしれません。　　　(Mo)

> **＼こんな子どもによいかも／　偏食は無理しない**
>
> 偏食のある子どもは、食べ物の味や匂い、食感が苦手で、特定のものを食べられない子どもがいます。また、赤色のものやブツブツしているのが嫌など、見た目で判断している子どももいます。このような子どもは、苦手なものをわずかでも口にすることが本当に大変です。これは、感覚の過敏さが影響している可能性があります。無理に食べさせようとすると、ますます拒絶反応を起こすかもしれません。子どもは成長するにつれ、感覚の過敏さが軽減することもあります。偏食がある場合は、無理をせず、食べられるものはたくさん食べ、苦手なものは少しだけという感じで、気長に取り組みましょう。

「室内遊び」
折り紙・紙飛行機

- 楽しみながら折り方を身につける。
- 動作を繰り返すことで集中力を養う。
- 完成した作品を喜び、その作品で遊ぶ。

※紙飛行機は室内遊びと思いがちですが、子どもたちは強風の時以外は、よく飛ばして遊んでいます。

「紙飛行機の飛ばし方」
　紙飛行機を親指と人差し指で挟んで持ち、少し上を目指して前方へ、腕全体を使い押し出すように、そっと飛ばしてください。投げるように飛ばしましょう。紙飛行機を持つ場所は、尾翼の真ん中より少し前くらいが飛ばしやすいでしょう。

活動への導入

- 好きな色が選べるように、さまざまな色の折り紙を準備する。
- 順番に応じて事前に見本を用意しておく。
- 手本を見るだけではわかりにくいものがあるので、折り方の手本をみせる。
- 何といっても、実際によく飛ぶ飛行機を作って、子どもの目の前で飛ばして見せることが、やる気、本気を出して作ってみたくなります。
- 適切な紙を選ばないと飛ばなかったり、飛び方が悪いことがあります。A4のコピー用紙、コピー済みでOKです。新聞の折り込みチラシもいいですね。折り紙の正方形よりもA4サイズは、2重3重に折り込んでいくので強度もできて何度飛ばしても崩れないことが特徴としてよいと思います。しかし、紙質が厚いと逆に飛びにくくなります。

活動を楽しむために

- 折り線をきれいにつける。角と角、線を合わせる。
- 上手く折れない子には、指先に力を入れることを伝え、上手に折れないと途中であきらめる子がいるので、励ましの言葉がけや折り方を教えたり、手伝うなどして完成できるように促す。
- 季節の作品をみんなで作って部屋などに飾る。

ちょこっとエピソード

　折り紙の本を見ながら、難しそうなペンダントを作っているAちゃん。「きれいなのを作ってるね」と声をかけたところ、「これは、お父さんとお兄ちゃん、ハートはお母さん、今作ってるのはお姉ちゃんにプレゼントするんで」と家族みんなの分をコツコツと折っていました。
　家族を想い一つひとつ丁寧に折っているAちゃんの表情は、とても穏やかで優しさを感じました。子どもたちは、大好きな人へのプレゼントを学童の時間に作って帰る姿をよく見ます。その中でも折り紙の作品をプレゼントする子はよく見られますね。

(K)

作業療法士の視点から

「室内遊び」
折り紙・紙飛行機

遊びに含まれる要素

運動の要素

両側協調に注目！　　→ p.41

　折り紙を折り上げたり、角と角を合わせて折るときには、両手を同時に動かします。また、折り目をつけるときには、片方の手で紙を押さえながら、もう一方の手を横や縦方向に動かして作品を作ります。

順序立てに注目！　　→ p.41

　折り紙の作品は、いくつかの工程に分かれており、折り方が決まっています。1つでも工程を飛ばしてしまうと、完成した形が異なってしまいます。折り方の手本を見ながら、両手を順序立てて動かすことで作品が完成します。手の込んだ作品ほど、折る工程も増えるため、順序立てる力が必要になります。

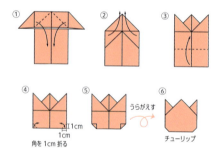

Re: ちょこっとエピソード

「順番に折ることが難しい」
　折る手順がわからず、あきらめてしまう子どもがいます。順序立てる力が弱いと、手を動かして形作ることが難しくなります。折る工程ごとに実物を並べて、見本として提示すると、次の工程がわかりやすくなります。

角と角を合わせたり、折り目をしっかりつけるのに両手を協調して動かそう。
生き物、食べ物、乗り物など、1枚の紙からいろんな作品を作ろう。

こんな様子がみられたら

両手が上手く使えない

両手の協調が難しいと、きれいに折り目をつけることができず、形よく仕上げることができません。

→ 片方の手でどこを押さえて、もう片方の手で、どの方向に動かすのかについて、支援者は手本を見せるとわかりやすいでしょう。

→ また、普通サイズの折り紙よりも大きな紙のほうが、紙を手全体で固定しやすくなり、折りやすくなるでしょう。折り目をつける際は、1回だけでなく、折り目に沿って何度かくり返して手を動かすと、より運動方向がわかりやすくなります。

形や空間の位置関係の理解が難しい

折り紙を折るときに、四角や三角といった形がわからなかったり、角と角を合わせることが難しい子どもがいます。

→ 支援者は、子どもと横並びに座り、同じ方向から折り紙を折って見本を示すと、子どもは理解しやすいと思います。また、合わせるところを色マジックで目印をつけると、形の理解が不十分でも、目印にしたがって折りやすくなると思います。

OTが考える！ 遊びの展開例

「遊べる折り紙」：折り紙で作って遊べる作品は、子どもの作る意欲が高まります。手裏剣、ヨット、こま、かえる、風車、紙とんぼなどいろいろあります。たとえば、紙飛行機の場合、上手く飛ばすことができると、さらに形の異なる紙飛行機にもチャレンジしたくなります。

このようにさまざまな作品を作る中で、両手を協調して動かす力や順序立てる力を高めることができます。

(Mo)

 「室内遊び」
積み木・カプラ®

- みんなで作品を作る喜びを味合う。
- 頭の中で描いたものや、イメージしたものを作ることで、表現力や想像力が養われる。
- 完成した作品を喜び、その作品で遊ぶ。
- 力の入れ加減やバランスなどに注意を払うことができる。
- 完成に向けての根気や集中力を養う。
- カプラの崩れるきれいな音が心地よいのを感じる。

活動への導入

- 広い空間で楽しめるようにする。
- 高さや協力し合ってつなげたり、自由な発想で作品を作れるように見守る。
- 周りの人が邪魔したり走ったりして、作品が崩れない、壊れないように配慮する。
- 子どもたちが遊びに集中できるように積み木（カプラ）の数を十分に準備する。

活動を楽しむために

- 積み木やカプラで作ったサーキットでビー玉転がしをする。
- ドミノ倒しなど部屋一面を使って大作に挑戦する。
- 次の人がスムーズに使えるように、使った人が元の箱に整理・整頓して片づける。

ちょこっと エピソード

　「カプラ」って何ですか？と聞かれることがあります。ヨーロッパから来た積み木です。手のひらにのるほど小さな木片を使って、家や城、船や動物等を組み立てられる積み木です。集中力・器用さ・創造性等を養い、一人でも大勢でも楽しめます。

　最後に作ったものを壊すのも壮観！　カラカラカッシャーンと軽やかに崩れる音にもこだわっているそうです。私の学童保育では、作った人が壊すという約束を守りながらカプラの世界に浸っています。

(K)

作業療法士の視点から

「室内遊び」
積み木・カプラ®

遊びに含まれる要素

感覚の要素　**聴覚に注目！**　→ p.33

　高く積み上げたカプラが崩れたり、ドミノ倒しをしたときの音は、心地よい音として聞こえます。積み方、並べ方によって、リズムや音の大きさもさまざまなので音を楽しむこともできます。聴覚に過敏さがある子どもにとっては、崩れる音に対して過剰に反応するかもしれません。あらかじめどんな音がするのか知らせておきましょう。

運動の要素　**力加減に注目！**　→ p.40

　カプラを積み上げるときには、すでに積み上げたカプラが倒れないように慎重に積み上げます。その際、指先を細かく動かすことが求められ、微妙な力加減が必要になります。このときには、利き手を使用することが多いです。

順序立てに注目！　→ p.41

　カプラを積み上げるときには、土台部分を安定して組む必要があります。左右や下にあるカプラの位置関係について考えながら置いていきます。立体的に作り上げるには、順序立てが必要になります。

そうっと積み上げて、力加減を育てよう。
順序よく組み立てて、大きな作品を作ろう。

こんな様子がみられたら

そうっと置くことが難しい

子どもは慎重にカプラを置いているつもりでも、力加減が難しく、倒したり、落としたりすることがあります。
→ お菓子やティッシュペーパーの大きめの箱など、重さを感じ取りやすい物を用いて、積む経験をしましょう。また、カプラを使用するときには、カプラを縦にして積むのではなく、横にして積むように教えてあげましょう。横にすると、カプラの面積が広いので、積みやすくなります。

積み上げることが難しい

どのようにすれば安定して積み上げられるのか考えることが難しい子どもがいます。
→ はじめから複雑な構造物にするのではなく、くり返しのある組み方で作れるものを紹介するとよいでしょう。たとえば、カプラであれば、井桁に組んでいくような単純なタワーは作りやすいと思います。また、作り方の手本を見せてあげましょう。

OTが考える！ 遊びの展開例

「ドミノ倒し」：カプラや積み木を使って、ドミノ倒しをするのもよいでしょう。ドミノのようにするには、倒さないようにそうっと並べなければなりません。くり返し並べるので、手の力加減が身につくかもしれません。また、直線・曲線、上がったり下がったり、くぐったりなど、さまざまなコースを考えると、順序立てる力が高まると思います。みんなでコースを考えると、さらにその力が伸びるかもしれません。

(Mo)

「室内遊び」
大根抜き
No.3

ねらい
- 全身を力いっぱい使って遊ぶ。
- 「鬼」は「子」の様子を見て、手加減をしながら、あまり痛くないように引っ張る。
- 「鬼」も「子」も力を合わせて遊ぶ。
- 仲間と大勢で遊ぶ楽しさを感じる。
- 「重たい」「痛い」時でも、すぐには投げ出さずに、グッと踏ん張ったりこらえたりする。

遊び方　「子」は、足を外側に向けて座り、隣の人と腕を組んで大きな輪になる。「鬼」（1人〜）が足を引っ張って子を抜いていく。抜かれた子は鬼になり、鬼がだんだん増えていって、全員抜かれたらおしまい。

👑 活動への導入

- 「『大根』をひっこ抜く」というイメージをもちながら遊ぶようにする。
- 少人数の時は「『大きなかぶ』ごっこ」のように「引っ張る遊び」をして、力いっぱい「引っ張る」「掴む」遊びの楽しさを感じる。
- カラダを引っ張る激しい遊びのために「痛がる子」「怖い子」もいるので、無理してさせないようにする。
- 痛くて泣いてしまった子らへの「立ち直り」の時間や空間、なぐさめてくれる仲間（や大人）を保障する。

👑 活動を楽しむために

- 「大人」も入りながら、子どもが遠慮や加減なしに力を出し切って遊べるようにもする。
- 声を合わせたり、タイミングを合わせたりしながら、声も力も出し合って、みんなで群がって遊ぶ楽しさを感じられるようにする。

＼遊びのバリエーション／

- 「大きなかぶ」ごっこ
- 「ごぼう抜き」ごっこ

＼高学年向けに…／

- 「腕試し」「力試し」として、高学年だけが「子」や「親」になって、「高学年」VS「低中学年」の勝負をしてもおもしろいでしょう（高学年が加減や調節が上手にできないと低中学年は怖がってしまいますが……）。

＼ちょこっと／ エピソード

　保護者も一緒のレクリエーションで、大人の男性全員に「大根」になってもらいました。大人に寄ってたかってわんさか群がって、それはそれは、はしゃいで楽しんでいた子どもたち。大人相手に遠慮なんか一切なし！　重たい大人を引っ張る手応えはたっぷりで子どもは大満足！　一方、引っ張られる大人はもうヘットヘト。時には遠慮なく思い切り力を出し切るときだって必要ですよね。

作業療法士の視点から

「室内遊び」
大根抜き

遊びに含まれる要素

感覚の要素

固有受容感覚に注目！　　→ p.30

「グーッ‼」と引っ張ったり、引っ張られたりすることで、筋肉の感覚を存分に味わうことができます。"力いっぱい"が大好きな子どもには、もってこいの遊びです。両者が引っ張り合うときには、お互いに筋肉が強く収縮。大根が抜けた後は、その収縮が一気に緩んで脱力。この感覚の変化も、子どもを楽しませてくれるでしょう。

> **Re: ちょこっとエピソード**
>
> 力を出し切って「手応え」を感じることが、自分のカラダをしっかりと感じることの第一歩です。そして、その後の気持ちの変化にも気づいてほしいと思います。きっと「スッキリ」しているはず。固有受容感覚に"気持ちを整える働き"があるからです。

運動の要素

姿勢保持に注目！　　→ p.38

「鬼」は、手や腕の力だけで大根を抜こうとしてもうまくいきません。うまく抜くポイントは、"下半身の踏ん張り力"です。両足で地面を踏みしめ、全身に力をこめて後方へ体重を移します。「子」のほうも、組んだ腕がほどけないように全身を固めて、必死にこらえます。少しでも力を緩めれば、あっという間に引き抜かれてしまうでしょう。このようにグッと力を入れて踏ん張る活動は、姿勢保持の力を高めてくれます。

「力いっぱい」の感覚を思い切り楽しもう！
踏ん張り力が鍛えられて、姿勢がしっかりする効果もあり！

こんな様子がみられたら

相手が痛がっていても手加減せずに抜こうとする

"力いっぱい"が大好きな子ども（感覚探求）や、痛みを感じにくい子ども（低反応）には、痛がる子どもの気持ちがわかりにくいのだと思います。

→ 大人や上級生に「子」役になってもらい、思う存分に引き抜くことから始めてみましょう。まずは満足できる体験が大事です。「子」役がわかりすくリアクションすることで、感じ方が人それぞれ違うことに気づくかもしれません。カラダでのやりとりを通して相手の感じ方や想いに気づき、力の加減ができるようになれば、カラダも心も一つ成長です！

なかなか引き抜くことができない

力まかせに腕だけで引き抜こうとしていませんか。踏ん張り力が足りないのかもしれません。

→ 相手と対面する位置で、自分のカラダの中心で引くようにするとうまく力が入ります。「大きなかぶごっこ」のように、かけ声に合わせて友だちと一緒に引っ張るのもいいでしょう。姿勢保持や体重移動のコツがつかめるかもしれません。綱引きや棒引きなどの「引っぱり遊び」にも同じ要素が含まれています。

OTが考える！ 遊びの展開例

「八百屋ごっこ」：基本の隊形だけでなく、いろいろな隊形でやってみましょう。たとえば「子」が横一列に腕を組んで座ると、まるで八百屋の店先に大根、にんじん、ごぼう、かぶ……といった野菜が並んでいるように見えませんか。「鬼」はどの野菜を選ぶかな。イメージを膨らませることで面白く展開でき、姿勢保持のバリエーションも広がりそうです。

（T）

No.4 「室内遊び」
手合わせ遊び

- 歌に合わせてさまざまな動きをする。
- 仲間と一緒に触れ合いながら遊ぶ楽しさを感じる。
- カラダが思うように動かないことのおもしろさや不思議さを感じる。
- 少しずつ上手になっていく喜びや手ごたえを感じる。
- 最後までたどりついたときの喜びを感じる。

活動を楽しむために

- 正しくすることだけに意識を向けるのではなくて、頭もカラダもごちゃごちゃになって、カラダが思うように動かないおもしろさをたっぷりと感じ合う。
- 難しい子には、簡単な動作から始めて難易度に傾斜をつける（アルプス一万尺の場合、「右手合わせ」「左手合わせ」を「0万尺」⇒「右手合わせ」「左手合わせ」「両手合わせ」「両手組み合わせ」を「一万尺」にするなど）。
- 難しい動きやおもしろい動きを取り入れて、動きのバリエーションをつけて遊ぶ。（「足合わせ遊び」など）
- 電車が好きな子には、速さに合わせて「普通」「快速」「特急」「超特急（新幹線）」と速さの名前をつけて遊ぶ。

「せっせ〜せ〜の　よいよいよい」から始まる歌遊び♪

「アルプス一万尺」
アルプス一万尺　小槍（こやり）の上で　アルペン踊りを　さぁ踊りましょう
ランラランラン　ランランランラン　ランラランラン　ランランラ
ランラランラン　ランランランラン　ランラランラン　ランランラ

「線路は続くよどこまでも」
線路はつづくよ　どこまでも　野をこえ　山こえ　谷こえて
はるかな町まで　ぼくたちの　たのしい旅の夢　つないでる
ランラ　ランラ　ランラ　ランラ　ランラ　ランラ
ランラ　ランラ　ランラ　ラン　ラン　ラン
ランラ　ランラ　ランラ　ランラ　ランラ　ランラ
ランラ　ランラ　ランラ　ラン（ヘイッ！）

「みかんの花咲く丘」
みかんの花が　咲いている　思い出の道　丘の道
はるかに見える　青い海　お船がとおく　霞（かす）んでる（ハイヨクデキマシタ）

JASRAC 出 1910089-901

遊びのバリエーション

- 歌詞を変える（替え歌）。
- 足でする。
- コップを使ってする（コップを使って歌に合わせて遊ぶ『カップス』という遊びもあります）。

高学年向けに…

- 「複雑な動き」を入れたり、「超高速」にしたりして、全神経を集中し、我を忘れて遊ぶくらいの難しさにしてしまうとおもしろいでしょう。

作業療法士の視点から

「室内遊び」 4 手合わせ遊び

遊びに含まれる要素

運動の要素

両側協調に注目！　　　　　　　　　　　　　　→ p.41

　手合わせ遊びは、両手を同じように動かしたり、別々に動かしたり、クロスさせたりといった、基本の両手動作で構成されています。歌のリズムに合わせて、右手と左手を同時に協調させて動かすことがポイントです。カラダの前で手を合わせる動きは、カラダの中心意識を高めて、右左をわかりやすくしてくれます。

左右対称の動き

左右非対称の動き

クロスの動き

順序立てに注目！　　　　　　　　　　　　　　→ p.41

　両手の動作を、決まった順序を記憶して、次々と切り替えていきます。動作の数や速さが増すと、この切り替えが思うようにできなくなり、慌ててしまうでしょう。また、各動作の複雑さによっても難易度が変わります。アルプス一万尺では、「両手の指を組んで相手と手のひらを合わせる」時や、「右手で自分の左肘を、左手で相手の右肘をつかむ」時などに、難易度があがって相手とのタイミングがずれやすくなります。

両手の協調性を高める遊び。
二人のリズムと気持ちをピッタリ合わせよう！

こんな様子がみられたら

相手の動きとずれてしまう①

　一つひとつの動作をうまく模倣できますか？　両側協調がうまくいかず、左右が非対称の動作でつまずく子どもがいます。

→　はじめに動作を真似るときには、対面よりも横並びのほうがわかりやすいと思います。難しければ手を添えて一緒に動かしてみましょう。「右」「左」の認識が曖昧な子どもには、手がかりになるような目印（お互いの右手にリストバンドや手袋をつけるなど）があるといいかもしれません。

相手の動きとずれてしまう②

　一つひとつの動作ができるのであれば、順序を記憶して動作を切り替えていくことが苦手なのかもしれません。

→　順序立ては、動作の数や速さによって難易度が変わります。❶「アルプス０万尺」のように、まず２つの動作を繰り返すことから始めるといいでしょう。「スローモーションごっこ」と称して、ゆーっくりと動作をつなぎながらやってみるのも面白いですよ。低い声で歌いながらやると、なんだか笑えてきます。

OTが考える！　遊びの展開例

「カップス」：プラスチックのコップを使って行う「カップス」は、手遊び歌と同じ要素が含まれていて、一人でも複数でもできる遊びです。４拍子のリズムにのって、両手のリズミカルな動きを楽しみましょう。カラダの正中線を越えて手を使う"正中線交差"の動きも体験でき、両手の動きがより巧みになります。動画サイトなどを見ながら練習してみましょう。

（T）

「室内遊び」
おしくらまんじゅう
No.5

ねらい

- 全身をぶつけ合う心地よさや楽しさを感じる。
- 仲間と一緒にもみくちゃになって遊ぶ楽しさを感じる。
- 相手の状況を考えて、ぶつかり加減を調整しながら遊ぶ。
- 触れ合いながら、カラダや心がポカポカと温まっていく心地よさや温もりを感じる。

ちょこっとエピソード

子どもたちとおしりをぶつけ合っていると、1年生女子が背の高い私の股の下に入ってそのまま通り抜けていってしまいました（笑）。他にも勢いあまって何人かで一緒に転げたり。それがあまりにもおかしくて笑い転げながら「おなかが痛い。笑い過ぎた」と彼女。最後は「おしり貸して！　メダルつけるけん」と私のおしりにメダルをつけて表彰してくれましたとさ。

活動への導入

- 大人数でなくても、最初は2人ででも、「おしり」や「手」や「カラダ」で押し合ったりぶつけ合ったり、"押し合いへしあいする遊び"のおもしろさや楽しさを感じられるようにする。
- バランスが取れなくて、すぐ倒れたり吹っ飛んでいったり、また、相手を見ながら力加減や状況判断をすることが苦手で、強く押しすぎたりする子は、少人数でしたり、遠慮なくやれる身体の大きい大人や上級生相手に遊びながら、慣れていくようにする。

活動を楽しむために

- みんなで楽しく遊ぶために、力加減や感情のコントロールはとっても大事……しかし、なによりも仲間同士で遠慮なく思い切り声を出し、カラダをぶつけ合って、心もカラダも解放して遊ぼう。
- 寒いからこそ"あたたかさ"を感じられるので、「春、秋、冬」の遊びですが……あえて夏にクーラーの効いた涼しい部屋で遊んで暖まって……からのアイスのコンボで、とにかく「仲間と一緒で楽しい」時間を過ごしてもいいでしょう。

\ 遊びのバリエーション /

- 「円」や「四角」などの枠を描いて、枠から出た人は抜けていく「おしくらまんじゅうサバイバル合戦」！（※ただし、「勝ち負け」「一番」にこだわり過ぎてしまうと「仲間とカラダを触れ合って、ぶつけ合って遊ぶ楽しさや心地よさ」よりも「勝つこと」が上回って、だんだん遊び仲間がいなくなってしまうので控えめに……）。

\ 高学年向けに… /

- 「空気を読む」世界で生きている高学年は、最初はカラダをぶつけ合うことに「遠慮」し合ってしまうかもしれませんが、心もカラダも解放／発散する遊びは、実は高学年にこそもってこい！「大根抜き」「Sケン」なども合わせて遊びながら、遠慮なく押し合いへし合いする遊びの楽しさをたっぷりと感じられるといいですね。

作業療法士の視点から

⑤「室内遊び」おしくらまんじゅう

遊びに含まれる要素

感覚の要素

固有受容感覚に注目！ → p.30

　カラダをぶつけ合うことで、筋肉の感覚を堪能できます。また、友だちが押してくる力の強さや方向を感じ、自分もそれに応じて押し返すという、力のやりとりを体験します。固有受容感覚には情動を調整する働きがあるので、気持ちの発散やストレス解消にも役立ちます。

運動の要素

姿勢保持に注目！ → p.38

　体当たりを繰り返す中で、思わぬ方向にカラダが動くのも、この遊びの面白いところです。素早く反応しないと枠からはみ出てしまいますね。前庭感覚と固有受容感覚が一緒に働くことで、カラダが傾いてもサッと姿勢を立て直し、グッと踏ん張って姿勢を保つことができます。枠の大きさや形を変えて、いろいろな踏ん張り方を体験してみるといいでしょう。

身体図式に注目！ → p.39

　今、カラダのどこを押されたのかな？　それがわからなければ、反対に押し返すことはできません。また、背中やお尻をうまく動かすことができないと、押されっぱなしになるでしょう。お尻を突き出すような日頃やり慣れない動きができるのは、目で見えていなくてもカラダの格好や動きをイメージできるからです。「押し合いへしあい」することで、より強くカラダを感じることができ、特にカラダの後ろ側のイメージが高まります。

> **Re: ちょこっとエピソード**
>
> お尻にメダルをつけてもらった感覚はどうだったでしょうか。日頃は意識しない体の部分を意識できたかもしれませんね。とっさに股下を通り抜けることができるのも、身体図式が育っている証拠です。

カラダのぶつかり合いを楽しもう！
お互いのカラダを感じ合うことで、友だち同士の連帯感がアップ！

こんな様子がみられたら

すぐに倒れてしまう

姿勢を保つための踏ん張り力が弱いのでしょう。
→「相撲遊び」は、踏ん張り力をつけるのにもってこいの遊びです。子ども数人で横綱（大人）を枠の外まで押し出してみましょう。力士になりきって「四股を踏む」練習から始めれば、より足腰が鍛えられますね。

やり過ぎてケンカになってしまう

勝負にこだわるうちに、どんどん興奮して収拾がつかなくなることがあります。
→ 途中に作戦タイムを設けると、クールダウンできるかもしれません。「本気バージョン」だけでなく、「ほどほどバージョン」や「手抜きバージョン」を提案してみるのもいいかも！面白がりながら、力や気持ちの調整を体験してほしいと思います。

OTが考える！ 遊びの展開例

「押し相撲」：両手で押し合い、足が動いた方が負け。両手を合わせたまま押し合う時と、両手をフリーにして押し合う時とでは、踏ん張り力やバランスの取り方が違ってきます。その違いを感じてみましょう。

また、1対1で行うと相手のカラダへの意識がたかまります。相手の力の強さや方向に応じて、ここぞという瞬間に力を入れたり緩めたり、さっと身

をかわしたり。このように相手の動きを読んで、自分の動きや力を調整することは、友だち同士のコミュニケーションの基礎になります。

（T）

「室内遊び」
新聞じゃんけん遊び
No.6

ねらい
- 身近なものを使ってのじゃんけん遊び。
- 二人組になって、または、先生と全員でのじゃんけんをして、最後は片足でバランスよく立つことができる。
- 室内外のどちらでも遊ぶことができる。

遊び方
1. 新聞紙を広げて立つ。
2. 負けたほうは、半分に折りその上に立つ。
3. じゃんけんを繰り返し、負けた人は、どんどん新聞を折って、その上に立てるところまでする。
4. 立てなくなった人の負け。複数で行うときは、最後に残った人の勝ち。

活動への導入

- 新聞紙から落ちない方法などを始まる前にみんなで話し合って、たくさんコミュニケーションをとれば、おもしろいアイデアが生まれる。
- 室内で遊ぶときには、場所を広く取って怪我のないように工夫する。

活動を楽しむために

- じゃんけんに勝った場合は、新聞紙を広げてＯＫというルールにしてもよいかもしれない。
- 新聞は１枚だけでなく数枚重ねてみたり、座布団の上や段ボールの上など平らでないところに置いて遊ぶともっと楽しめる。
- ルールとしては「新聞紙に立つ」ということだけなので、中には１人がおんぶした状態で立ったり、２人で抱き合って立つ、それぞれ協力して工夫しながらやる姿は、周りの人みんなも楽しめる。
- 負けたら変顔などして遊びを盛り上げる工夫も良い。

ちょこっとエピソード

新聞の上に立つだけではなく、じゃんけんで勝つたびに長くちぎっていき、一番長かった人の勝ち。または、どんどん破ってたくさんの破片を作った人の勝ち。さまざまなじゃんけんの楽しみ方ができる。

(K)

作業療法士の視点から

「室内遊び」新聞じゃんけん遊び

遊びに含まれる要素

運動の要素

姿勢保持・バランスに注目！　→ p.38

　じゃんけんに負けると、新聞紙の面積が狭くなります。両足で立てなくなると、つま先立ちや片脚立ちになります。このような姿勢は、カラダがグラグラするので、立位のバランスが必要になります。

　複数のチーム同士で対戦する場合には、新聞紙がどんどん小さくなっていくと、足の置き場がなくなり、チームのメンバーにしがみつくことになります。しがみつくには、両腕やお腹の力を一杯使って、姿勢を保つことが必要になりますね。

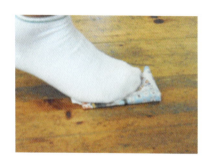

両側協調・順序立てに注目！　→ p.41

　じゃんけんに負けて新聞紙を半分に折るときには、両手を協調して動かしています。新聞紙から床面に出て折るのではなく、新聞紙に乗りながら折る場合には、新聞紙のどこにいたらよいのか、カラダの動かし方を考える必要がありますね。難易度が高くなりますが、やってみると面白いですよ。

Re: ちょこっとエピソード

　新聞紙を破らないように長くちぎっていくと、指先を協調して動かす力が高められます。どんどん破ると、両手を協調して動かす力もつくでしょう。

じゃんけんで負けたら、足の置き場がどんどん狭くなっていく！
狭くなっても、片脚立ち、つま先立ちで粘り勝ち!!

こんな様子がみられたら

バランスを崩しやすい

新聞紙の面積が狭くなると、バランスをくずしてしまう子どもがいますね。
➡ はじめはお助けルールを設けてもよいでしょう。新聞紙の面積が狭くなったら、友だちの手や肩つかまりながら、つま先立ちや片脚立ちをしましょう。

また、普段の遊びの中で、つま先歩きやケンケンをしたり、養生テープやロープ上を歩いたりなど、バランスを高める遊びも行うとよいでしょう。

しがみつく力が弱い

しがみつけず、すぐに負けてしまう子どもがいます。
➡ 自分のカラダを少し斜めにして、大人や自分よりカラダの大きな子どもの腕につかまり、どれくらいつかまっておけるか挑戦すると、腕やお腹の力がつくと思います。鉄棒につかまって、斜め懸垂のようにぶら下がってもよいでしょう。

OTが考える！ 遊びの展開例

「バランスとれるかな」：新聞紙を5枚くらい重ねて折っていくのもお勧めです。折り進めると、新聞紙に厚みが出て、足元が不安定になります。座布団や布団の上でしてもよいと思います。さらに立位のバランスが高められるでしょう。大人と一緒のチームでする際には、立つ場所がなくなると、大人の足の上に乗ったりします。地面に比べて、不安定な場所に立つことになるため、よりバランスが必要になるでしょう。

「足で折ろう」：じゃんけんに負けて新聞紙を折るときには、足で折るというルールにすると、両足を協調したり、順序立てて動かす力が身につきます。

(Mo)

「室内遊び」
新聞基地遊び

- 身近なものを使っての創造的な遊びを楽しむ。
- 友だちと一緒に出入り口や窓などを作ることを楽しむ。
- 新聞紙なので、出入りなどは気をつけて慎重な行動をとらないと破れてしまう。
- 室内でも遊ぶことができる。

| 遊び方 | ❶部屋の場所を決めて、机や椅子などを利用して作りたい基地の大きさに合わせて自由に並べて骨組みを作る。新聞をかぶせてセロハンテープやガムテープで新聞紙をとめる。
❷薄暗い中を照らすために懐中電灯などの用意もする。
❸カラダが入る大きさを工夫する。骨組みを考えるとさまざまに増築できていく。トンネルのようにもなる。中を広くしてたくさんの友だちと楽しむことができる。 |

活動への導入

- 天気の悪いときの室内遊びの素材には、必ず上がる新聞遊び。机の隅や棚を利用しての基地遊びは人気もの。「使っていい段ボールない？」と言われても準備されてないときに新聞は有効です。切り貼りも、細かい部分も簡単にできます。一人でのんびり過ごせるスペースや友だちと協力して作ることもできます。問題は、優しく扱うことが求められるので仲間とのチームワークは重要ポイントになります。

活動を楽しむために

- 増築・減築自由なので、遊びながらどんどんアレンジできる。
- 中に懐中電灯を持って入ると、より秘密基地感が増して楽しみが広がる！
- 大きな基地にミニサイズの基地、お城や秘密のお部屋……など、自由に想像して、段ボールよりはより細かく形作りができて面白い。

ちょこっとエピソード

中は薄暗くなるので懐中電灯を持って入ると、より秘密基地感が増して楽しみ広がる！長く椅子や机を並べて、トンネルやさまざまな入り組みをすることで迷路を作ることもできる。

（K）

作業療法士の視点から

「室内遊び」新聞基地遊び

遊びに含まれる要素

感覚の要素　視覚・聴覚に注目！　→ p.32-34

　出来上がった基地に入ると、周りからの余分な刺激が少なくなるので、とても落ち着く空間になります。懐中電灯やいろんな色のペンライトを持ち込むと、光の感覚を楽しむことができます。

運動の要素　両側協調・順序立てに注目！　→ p.41

　折り畳まれた新聞紙を広げるときには、両手を大きく外に広げます。このとき、両手を協調してタイミングよく広げる必要がありますね。机や椅子などの土台に貼り付けるときには、利き手はテープを持ち、非利き手は紙を押さえています。利き手の動きに合わせて非利き手を動かしています。利き手は目からの情報をもとに動かしますが、非利き手は筋肉や関節からの固有受容感覚の情報をもとに動かすことになります。

　新聞紙を土台に貼り付けて、基地やトンネルなどを形作るには、順序よく貼り付けていく必要があります。長さを間違うと短すぎてすき間ができたり、長すぎるとだらんと垂れて不格好になってしまいます。作ろうとしている長さがどの程度なのか、きちんと計画して新聞紙を切り貼りしますね。このようなとき、順序立てる力が発揮されています。

新聞紙を切ったり、貼ったり、両手を使って作るんだ。僕たちだけの秘密基地。
みんなでアイデアを出しながら、大きさ・形をアレンジしよう！

こんな様子がみられたら

新聞紙を上手く扱えない

新聞紙は大きいため、両手で思うように扱えない子どもがいます。

→ 子どもが扱いやすいように新聞紙の大きさを小さくして提供するとよいと思います。新聞紙が大きいと、ハサミの手元ばかりに注目してしまい、途中で曲がってしまうかもしれません。

→ マジックで線を引き、切る方向を見やすくするとよいでしょう。

OT が考える！ 遊びの展開例

「骨組み基地」：土台を机や椅子でなく、新聞紙を棒にして骨組みにして基地を作ると、さらに手先を使います。新聞紙を棒にするときには、新聞紙を広げて斜めにして、その角から丸めていきます。その際、親指・人差し指・中指の3本の指を協調させて動かします。ある程度丸まれば、両手を伸ばして、粘土を棒にするように、さらに丸めていきます。たくさんの骨組みを作るため、繰り返しの動作が多く、指先を細かく動かし、両手を協調して動かす練習になります。

また、骨組みを組んで、人が入れるスペースを形作っていきます。このとき、順序立てる力が身につきます。みんなで作ると、出来上がっていく過程を楽しむことができるでしょう。

「ダンボール基地」：新聞紙だけでなく、段ボールも使ってもよいでしょう。けがをしないようにしなければなりませんが、段ボールは硬いため、大きめのハサミやカッターを使用して切るとよいでしょう。道具を通してさまざまな手の使い方を経験して、両手を協調させる動きを身につけましょう。

(Mo)

「室内遊び」
かまぼこおとし
No.8

ねらい

- カラダの各部分にかまぼこ板を乗せて、バランスをとりながら歩き板を運ぶため、カラダの柔軟さが必要となる遊びを楽しむ。
- 失敗しても互いに笑い合えたり、チームで助け合えたりすることで仲間とのつながりが深まる。
- 室内でもあそぶことができる。

遊び方

❶一人が1つカマボコ板を持ち、2つのチームに分かれる。
❷先攻・後攻と交代でゲームを進める。
❸チームが向かい合わせになるように、間隔を3〜4メートルにする。
❹守りのチームは線上にカマボコ板を立てる。
❺攻撃するチームは、最初、頭にカマボコ板をのせ、相手の線のところまで落とさないように歩いていき、相手のカマボコ板の近くに来たら、頭のカマボコ板を落とし、相手の板を倒す。
❻カマボコ板を乗せる場所がクリアするたびに、乗せる順が変わっていく。
❼頭→肩→あご→肘→背中 (お爺さん) →胸 (お婆さん) →股 (はさむ) →膝→足 (のせる) →5歩投げ→3歩投げ→1歩投げ→5歩けり→3歩けり→手裏剣「忍者のしゅりけん」
❽基本的に難易度があがっていくが、途中、すごく簡単なところもある。

活動への導入

●一人でも遊べるかまぼこ落とし。子どもたちに呼びかける前に、指導員がかまぼこ板を頭から、肩からと落としていると、必ず誰かしら「したい〜！」とやって来ます。かまぼこ板がなくても、積み木やカプラなども使えます。まずはやって見せることが興味をそそる一歩。

活動を楽しむために

●団体戦のお助けルールがある。それは、相手の板を倒せた子が、他の相手の板をさらに倒しにいっていいというルール。他の子ができなかったのを助ける。そして、再び別の相手の板を倒しにいく。自分でできないことは、仲間がたたかってくれる。異年齢でするときお助けルールはとても助かる。

(K)

作業療法士の視点から

「室内遊び」
かまぼこおとし

遊びに含まれる要素

運動の要素

姿勢保持・バランスに注目！　→ p.38

カラダに乗せたかまぼこ板を落とさないように、姿勢がグラグラしないようにする必要があります。カラダの中でも、頭や肩・あごは、背中に比べて平ではなく面積も狭いため、より慎重に歩いて進まなければなりません。足の甲に乗せる場合には、片足で進むことになるため、カラダのバランスを取ることが必要になりますね。

身体図式に注目！　→ p.39

肘や胸・足に乗せているかまぼこ板は、目で見て確認できますが、自分の頭の上や背中に乗せているものは、見ることができません。そのため、かまぼこ板から受ける感覚が頼りになります。頭の上に本を置いて歩いた経験があるかもしれませんが、とても不安定さを感じると思います。自分で見ることができないところほど、板の動きとそれが乗っているカラダの動きに注意を集中させる必要がありますね。このとき、自分のカラダの部分（身体図式）が意識されやすくなっています。

頭に乗せたかまぼこ板で相手の板を倒すときには、カラダを曲げたり動かしたりして板を落とします。たとえば、自分の頭に乗っている板が、カラダを曲げたときに、どの当たりに落ちそうなのかを考える必要があります。このとき、自分のカラダの長さについてのイメージと自分と相手の板との距離感を理解しておく必要がありますね。

> かまぼこ板をカラダで感じながら落とさないように進んでみよう。
> 相手のかまぼこ板を倒すには、自分と相手のかまぼこ板の距離感が大切！

こんな様子がみられたら

かまぼこ板を落としてしまいやすい

　身体図式が曖昧だと、カラダのどこにかまぼこ板が乗っているのかつかみづらくなります。
→ 始めは雑誌やクッションなど少し大きめで、重さのあるものを乗せるとよいでしょう。それらは面積が広く、ずっしりしているため、落ちにくくなります。こうすることで、カラダに物が触れている感覚がつかみやすくなり、物の動きを感じ取りながら進むことができるでしょう。また、進む距離も短くして始めるとよいでしょう。

相手のかまぼこ板に当てることができない

　相手のかまぼこ板になかなか当てることができない子どもがいます。
→ 始めは肘や手の甲など、目で確認できるところにかまぼこ板を置くとやりやすいと思います。慣れてきたら、肩・頭の上など、目で確認できないところへと徐々に段階を上げていくとよいでしょう。
　自分のカラダの大きさやカラダのどの当たりにかまぼこ板が乗っているのかわからないと、床面に置かれている板に当てることが難しくなります。
→ これも始めは雑誌やマンガなどの少し大きめの物を用いて、カラダに物の重さが十分に伝わることで、カラダのどこに物が乗っているのか明確になりやすくなります。乗せているものもかまぼこ板より大きいので、相手の板に当てやすくなるかもしれません。

OTが考える！ 遊びの展開例

「2個乗せ」：カラダに乗せるかまぼこ板を2個に増やすのも面白いでしょう。たとえば、頭の上と背中に乗せると、それらのカラダの部分を同時に意識することになり、さらに身体図式が高まりそうです。

「手をつなごう」：チーム同士で対戦するときには、同じチームのメンバーと手をつないで行うと、メンバーの動きが自分に伝わり、落とさないように姿勢を安定させる必要があります。

(Mo)

「室内遊び」
スライム遊び

- 独特の感触を楽しむ。
- スライムを丸めたり、台の上や手のひらで伸ばしたり、ねじってみたり。長く伸ばすなど次々と形を変えてみるなどして楽しむ。

活動への導入

〈材　料〉
- 洗濯のり（PVA またはポリビニルアルコール）
- ホウ砂入りコンタクトレンズ保存液
- 重曹
- 容器（ホウ砂を使わないで作る場合）

〈作り方〉
- 容器に洗濯のりを入れ、そこに重曹を加えてよくかきまぜた後、絵の具を加えてから最後にコンタクトレンズの洗浄保存液を小さじ一杯入れ、スライム状に固まるまでひたすらかき混ぜる。

\ ホウ砂を使ってスライムを作るときの注意 /

- 絶対に口に入れないでください。
- ホウ砂は子どもたちの手の届かない所に保管してください。
- ホウ砂は粉状で販売されていますが、飽和水溶液にしてからお使いください。
- ホウ砂の水溶液は、ジュース等の容器に入れないでください（誤飲を避けるため）。
- 水溶液であっても、できるだけ大人の手で扱われることをおすすめします。
- 余った水溶液は、速やかに処分しましょう。

活動を楽しむために

- 手形や足形をつけて遊ぶのも楽しいでしょう。
- カラフルスライムはごっこ遊びの小物にもなる。
- 食塩を混ぜると水分が抜け出すため硬くなったり（ボール状）、酢を混ぜると液状になったり、といったことを確かめることもできる。

\ 遊びのバリエーション /

「スーパーボールを作る」

1. 水100ccに食塩40グラムを溶かして食塩水を作る。
2. 食塩水に着色料を少量入れる。
3. 洗濯のりを100cc用意する。
4. ボウルに食塩水と洗濯のりを入れる。
5. かき混ぜ棒で混ぜて絡みつかせる。
6. かき混ぜ棒に付いた塊を取り出して丸く形作る。
7. 水気をとったらスライムスーパーボールの完成。

(K)

作業療法士の視点から

「室内遊び」
9 スライム遊び

遊びに含まれる要素

感触の要素　触覚・固有受容感覚に注目！　→ p.30-31

　スライムに触れると、ヌルヌル、ベタベタした感じがします。また、冷たく感じることもありますね。手の触覚は、触った素材の感触や温度を感じ取ることができます。スライムの感覚はとても心地よく、いつまででも触っていたいと感じる子どももいれば、不快な感覚として感じる子どももいます。

　また、指の間からスライムが滑り落ちる感覚も感じることができます。このときにも、触覚は働いていて、物が動く感覚を感じ取っています。

　スライムを両手いっぱいに持つと、ずっしりとした重さを感じます。このとき、肘や手首を曲げる筋肉が収縮しています。固有受容感覚が働いており、重さを感じ取っています。

運動の要素　両側協調・順序立てに注目！　→ p.41

　両手を使ってスライムを丸めるときには、下になる手にスライムを乗せ、手をお椀のような形にして、両手を協調して動かして丸めます。スライムをビョーンと長く伸ばすときには、両腕を同時に広げるように動かします。とても長く伸ばすことができれば、楽しさが倍増しますね。台上で棒状に伸ばすときには、両手の指を伸ばして、同時に手を前後に動かして、スライムを伸ばします。このときにも両手を協調させています。

　棒状にしたスライムをソフトクリームのように巻くときには、はじめの土台は大きな円にして、少しずつその円を小さくしながら巻き上げていきます。形のよいソフトクリームにするには、順序立てが必要ですね。

ヌルヌル、ベタベタ、冷たくて気持ちいい！　手からの感覚を楽しもう。
どこまで伸びるか、両手を広げて試してみよう。

こんな様子がみられたら

スライムの感覚が苦手

スライムが手につくのが苦手な子どもは触覚が過敏なのかもしれません。
→ スライムの硬さを調整してあげましょう。水分が少なめのスライムであれば、手にまとわりつかないので、触りやすいかもしれません。

子どものそばにタオルを準備しておきましょう。すぐに拭き取れる設定にしておくことで、子どもは安心して触ることができるでしょう。

手先が不器用

両手を同時に動かしたり、別々に動かしたりするのが難しいかもしれません。
→ スライムを用いてごっこ遊びをしてみましょう。食べ物に見立てて作ったり、料理のまねっこをしたりなど、両手でこねたり、丸めたり、伸ばしたりができます。木やプラスチックの包丁で切ることもできます。遊びの中で両手を使う経験を増やしていきましょう。

また、始めからスライムを用いると、柔らかすぎて形を作ることが難しいので、硬さのある粘土を用いて、作るとやりやすいと思います。

OTが考える！　遊びの展開例

「お宝探し」：スライムの中に小さなビーズやスパンコールを入れて、探し出す遊びも面白いでしょう。この活動は、スライムとビーズなどの感触の違いに気づく力を高めることにつながります。ビーズでも同じ大きさで形の異なるものを入れておき、指定されたものを探し出す設定にすると、さらにその力が高まります。また、手元が見えないようにタオルで目隠しをするのも、手の感覚だけで探すことになりますので、これも面白いでしょう。

（Mo）

「室内遊び」 割りばし鉄砲

No.10

ねらい

- 遊び道具の作成を楽しみ、喜ぶ。
- 上手に作るための手先の器用さを磨く。
- 仲間との作成で、一緒に作る楽しさと想像力の共有を学ぶ。
- 的をねらっていく集中力を覚える。

作り方

① 割りばし3本を輪ゴム2本で7回巻く。真ん中の割りばしを前方に伸ばす

② 後ろには鉄砲を握る三角棒を作る。（半分サイズ）三角棒は輪ゴムで強く巻く

③ 発射棒も半分サイズで作る。発射棒は、上が後ろ向きになるように輪ゴムを巻く

④ 輪ゴムを付けやすくするために、真ん中の割りばしをカッターで「く」の字に削る

👑 活動への導入

- 友だちに鉄砲を向けてはいけない約束をする。
- 割りばし、輪ゴムの材料で一緒に作りながら教え、覚えていく❗。
- 「輪ゴムの結び方」は、輪ゴムを割りばしに引っかけ、グィッーと伸ばしながら強く巻き、鉄砲本体に固定することを覚える。

👑 活動を楽しむために

- 工作遊びとして「計画→材料→作成→完成」の工程理解と完成までの想像力を育む。
- 的づくりも考える。たとえば、将棋の駒に点数をつけ、当てた駒数の計算をする。いろんな的を創造的に考えてもいい。また、遊びの楽しさが足し算の学習にもなる。

	1回目	2回目	3回目
王 20点	点	点	点
金 10点	点	点	点
銀 5点	点	点	点
飛車15点	点	点	点
角 15点	点	点	点
桂馬3点	点	点	点
歩 1点	点	点	点
合 計	点	点	点

ちょこっと エピソード

鉄砲づくりをしない子も、絵を描くのが好きなら、遊び仲間にもなれる！　子どもが指導員に「なにやってるー？」「へっへー。ポケモンの本を見ながら、的を作ってるよ」「俺も描いていい？」。子どもたちの得意なことを探すことで、仲間づくりは始まり、居場所の心地よさにつながるのです。

(Y)

作業療法士の視点から

「室内遊び」
割りばし鉄砲

遊びに含まれる要素

運動の要素　**力加減に注目！**　→ p.40

　ゴムが緩まないように一定の力で引っ張りながら巻けるのは、固有受容感覚が調節してくれているおかげです。割りばしを薄くカッターで削る作業も、割りばしの硬さを刃先から感じることで、削る方向や力の加減を調節しています。

両側協調・順序立てに注目！　→ p.41

　きれいな形の鉄砲を作るには、利き手と非利き手が役割分担すること、作る工程を手順通りに進めることが大切です。

　「巻く」「切る」「削る」といったゴムやカッターの細かい使い方に注意を注げるのは、無意識に利き手が使いやすいようにわずかな動きもキャッチして、非利き手が巻きやすいように、割りばしを固定したり向きを変えるなど調節してくれているからです。

　細い割りばしを薄く削り取るとき、非利き手は削る方向と逆方向に力を入れることで動かないよう手伝ってくれます。経験を積むと頭の中で、それぞれ工程に分けることができて見通しをもって作ることができます。

割りばしが動かないように輪ゴムを巻けるかな？
キュッと止めてかっこいい鉄砲を作ってみよう！

こんな様子がみられたら

ゴムがうまく巻けない

割りばしを固定できず、うまく輪ゴムで止めることができないのかもしれません。

→ 最初に作りたいという気持ちを育むために、的当てなど打つことを楽しむことから始めるのもよいでしょう。

意欲が出たら製作開始です。苦手なところを一緒に固定したり、巻いたりしながら楽しく作りましょう。また割りばしをカッターで削るときは、滑り止めマットの上におくと固定する力が増します。

見てわかるように削る所に印をつけてあげる、カラフルな輪ゴムを準備するなど、子どもたちが自分で考え、楽しく選択できる環境を提供しましょう。

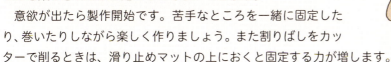

作り方が中々覚えられない

手順が覚えられないのは、運動の記憶が残りにくいのかもしれません。

→ ⚠ 一緒に作ったり、工程順に実物を置いて、わからなくなったらいつでも見たり、手に取って確認するようにすると、安心して自分の力で取り組め、自信にもつながります。

OT が考える！ 遊びの展開例

「連発銃」：使う割りばしの量が増えるため、構造が複雑になり、作る工程が増えます。銃身が太くなるとゴムを巻くのにも固定力や巻きつける力が必要となり、両手の使い方の難易度がUPします。

「オリジナル銃」：鉄砲に色を塗ったり、模様をつけたり、シールを張ってみたり、自分だけの鉄砲づくりをするとさらに楽しく両手を使えます。

(Ma)

コラム　お手伝い・当番活動

「にがてな片づけも役割分担で楽しい活動に！」

　4年生N君は、「お皿洗いをしよう」と同じ班の1年生のK君とI君を誘ってきました。何をどうするか戸惑う1年生に「洗剤つけて洗う人、お湯で流す人、お皿を拭く人、どれがいい？」と聞いてくれる5年生N君、分担が決まりました。

　1年生の背が届かず、水道が遠くてやりにくそうに洗っていると、「これ使いんちゃい」と4年生N君が踏み台がわりに椅子を持ってきてくれました。これで、洗いやすくなりました。3人で力を合わせて使ったお皿をきれいに洗ってくれました。

　「誰ですか？　裸足で出入りする人は？」と指導員の声が響きます。逃げ出す子どもたち。「床拭きしてくださいよ！」といった瞬間。「はーい！」とみんなでやって来て雑巾かけ競争。子どもたちのお掃除は、いつの間にか遊びに変わっていきます。

(K)

作業療法士の視点から

●皿洗いの工程

洗剤をつけて皿を洗う → 泡を洗い流す → 拭く

皿洗いの3つの工程

運動の要素●両側協調・順序立て

　片方の手でお皿を持って、もう一方の手でスポンジを持ち、お皿を洗います。また、お皿の全体が洗えるように、むらなくスポンジを動かしますね。このとき、きれいに洗うための順序立てが必要になります。

> \こんな子どもによいかも/ **水が好き**
>
> 触る感覚が好きな子どもがいますね。とくに水や泡遊びが好きな子どもには、とてもよいお手伝いです。お手伝いをする中で、子どもの欲求を満たしてあげましょう。また、大人から褒められると、自尊心も高まるでしょう。

● 雑巾がけの工程

☆ここでは、「雑巾に水をつけてしぼる」と「雑巾がけをする」工程について紹介します。

雑巾をしぼる

運動の要素 ● 両側協調

雑巾をしぼるのは、両手を使う動作です。それぞれの手は反対の方向に動かすので、両手の協調性が高まりますね。また、力強く、ギュッとしぼらないと、床面が水でベトベトになってしまいます。このとき、腕の筋肉が強く働いているので、固有受容感覚の働きがとても大切になります。

雑巾がけをする

運動の要素 ● 姿勢保持・バランス

雑巾がけをするときには、四つ這いで行いますね。この姿勢は、両手足に体重が乗るため、それらの筋肉がしっかりと働きます。また、お腹や背中の筋肉も働くので、カラダの基本的な部分を強くすることができます。ここが安定すると、立って動作をするのがスムーズになるかもしれません。筋肉の張りが弱くて、姿勢が崩れやすい子どもにとっても、よい運動になると思います。

> \こんな子どもによいかも/ **動くことが大好き**
>
> カラダを動かしたい欲求の強い（固有受容感覚の刺激を求めている）子どもには、とてもよいお手伝いになります。雑巾がけは雑巾と床面との間に摩擦が生じるので、全身の筋肉を働かせることができます。子どもは体力があり余っているので、このようなヘビーワークがもってこいです。一人でするよりも、何人かで競争すると、楽しさも倍増することでしょう。お手伝いを行った後は、指導員みんなで「ありがとう！」を返しましょう。人の役に立ったことを感じ取ることで、次のお手伝いにつながり、そして生活力が高まるかもしれません。

(Mo)

「伝承遊び」
No.1 お手玉

ねらい

- お手玉を使いながらカラダを多様に動かす。
- さまざまなお手玉の感触を感じる。
- 少しずつ上手になっていく喜びや手ごたえ、また、歌や回数などを最後まで成し遂げる喜びや達成感を感じる。
- さまざまな技をする仲間へのあこがれや、あこがれをもたれる自分に誇りを感じる。
- 「玉」と「手」を使うさまざまな遊びの楽しさや奥深さを感じる。

ちょこっとエピソード

　2個回しの記録に挑戦していた6年生女子。見事10,000回を超える大記録を達成したその後……。彼女は、まるでお手玉との別れを惜しむように、ずっと手からお手玉を離さず握ったままでした。そして、いざ、お手玉を離すときには「エイッ！」と、踏ん切りをつけて投げていました。試練を長く共にしたお手玉には、愛着も湧いてくるのでしょうね。

👑 活動への導入

- 「数珠玉」「小豆」「ペレット」等が入ったものや、大きさなど、自分のお気に入りのお手玉を見つける。
- 「上に投げ上げて取るだけ」といった簡単な技から始めてお手玉に触れていく。
- <u>両手を使うものだけではなく、片手だけで遊べる技も取り入れる</u>❗(『もしもしかめよ♪』『とんとんとんとかけ』)。
- いろんな歌を歌いながら、歌に合わせて遊びを楽しむ。
- 『もしもしかめよ』(リズムに合わせて、手のひらを返して、手のひら→手の甲とお手玉を乗せる)。

『とんとんとんとかけ』
① 手の平を上にして「とん・とん・とんと・かけ」で、手のひらの上でお手玉を4回跳ねさせる。
② 「いっちょ」で、手の甲を上にしてその上にお手玉を乗せ、「かけ」で、軽くお手玉を跳ね上げ、手の甲を上にしたまま、上からお手玉をつかむ。
③ 「にちょ・かけ」「さんちょ・かけ」と②の動きを繰り返し、「じゅっちょかけ－た！」(10回)で手のひらを返して手のひらを上に向けておしまい。

👑 活動を楽しむために

- お手玉を使った技をするだけではなくて「投げる」「取る」などの動きを使ったさまざまな遊びを取り入れる(1.5リットルペットボトルやお皿で取るなど)。
- 「みんなでこの技を○○回」といったミッションをしたりしながら仲間と一緒に遊ぶ。

＼ 遊びのバリエーション ／

- 「なわとび」──手のひらを上にして、その上にお手玉を置き、軽く投げ上げたお手玉の周りを、腕を縄跳びのようにグルッと1周させてまた手の平でキャッチする。(「2重跳び」だと2周させる)
- 「かめはめ波！」(か：手の平に乗せる　め：手の甲に乗せる　は：上から掴む　め：2指で挟む　波：どこかに投げる！)

＼ 高学年向けに… ／

- 何千回、何万回といった普通ではあり得ない回数へのチャレンジ、片手で2個回しや両手で3個回し、ジャグリング回しなどの高度な技にも、実際に見せながらチャレンジさせると、よりやり応えを感じるでしょう。

(N)

作業療法士の視点から

「伝承遊び」
お手玉

遊びに含まれる要素

運動の要素

力加減に注目！ → p.40

お手玉を同じ高さにリズミカルに放り上げるには、力加減を一定に保たないといけません。力加減は固有受容感覚の情報をもとに調整しますが、これが結構難しい。はじめのうちは、玉の動きを目で確認しながら、力の入れ具合を修正します。何度も繰り返して力加減が安定してくると、それほど見ていなくても放り上げられるようになります。

両側協調・順序立てに注目！ → p.41

お手玉🅐🅑を使った2個回しの場合。右手は、🅐を放り上げ→左手から渡される🅑をつかみます。左手は、🅑を右手に渡し→落ちてくる🅐をつかみます。この左右の手の動きをつないでいくと、2個のお手玉が回ります。それぞれの手の素早い動作の切り替えと、両手のスムーズな協調が必要です。

こんな様子がみられたら

うまくキャッチできない

力加減が定まらないと玉の行方がバラつくため、キャッチする手の構えが追いつきません。
→ まずは、1個だけを使って、放ってはつかむ技を繰り返してみましょう。高く、低くとやっていくうちに、力の加減がつかめてきます。初心者は、少し重いお手玉のほうが筋肉の感覚を感じやすく、扱いやすいと思います。

「お手玉キャッチャー」（友だちが次々に落とすお手玉を、手のひらを上にしてひたすらつかむ）は、つかむ動作やタイミングを身につけることができる遊びです。楽しみながらチャレンジしてみましょう。

玉の動きと手の動きを組み合わせて、多様な遊び方ができる。
左右の手の滑らかな動きを身につけよう。

動きがぎくしゃくする

動作の切り替えが苦手なのかもしれません。また両側協調が未熟な場合は、片手ではできても、両手を使うとリズムが乱れます。

→ ❶ 片手で行う「もしもしかめよ」「とんとんとんとかけ」などからはじめるとよいでしょう。手のひら返しの動きは、脇をしめて行うようにします。左右どちらの手でもできるようになったら、両手でチャレンジ。前頁に紹介した「お手玉キャッチャー」の遊びを、つかんだらすぐに反対の手に持ち替えて投げるようにアレンジすると、両手の動きをつなぐ練習になります。

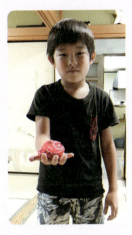

Re: ちょこっとエピソード

2個回し10,000回超え!! うまくいったりいかなかったりを繰り返し、これまで何万回も回したに違いありません。ここまで来れば、腕の動きや力加減、動きのタイミングもしっかり身についています（動きが「自動化された」ということです）。きっと友だちとおしゃべりしながらでも、楽らく回せることでしょう。

OTが考える！ 遊びの展開例

「あんたがたどこさ」：2個回しを友だちと輪になって楽しみましょう。「さ」の時に、Ⓐを両隣の友だちとやりとりします。相手と動きやタイミングを合わせないといけないので、はじめはみんなドタバタしますが、だんだんと息が合ってきます。

「チェー（ン）リング」：お手玉と同じように遊ぶことができます。お手玉よりも小さくて軽いので、力の使い方を調整しましょう。友だちと一緒に5個の玉で競う遊び方もあります。リングの数やつなぎ方を工夫して、自分の手になじむオリジナルの玉を作るといいですね。音や色も楽しみのひとつです。

(T)

「伝承遊び」
コマ

- ●コマがたくさん回るためのひもの巻き方、コマの持ち方、回転のさせ方を身につける。
- ●床で回すこと、手のひらの上で回すこと、ひもの上で回すことを楽しむ。
- ●人の技を見て、自分で体験・経験することを学ぶ。
- ●コマ遊びでできた自信・喜び・認め合いを、他の子どもたちのサポートにつなげていく。

活動への導入

- 「ぶんぶんゴマ」「どんぐりコマ」「手回しゴマ」など、コマ遊びに入りやすい環境も準備する。
- 初めてチャレンジする子には、最初に巻いてあげながら、コマの持ち方、投げ方を一緒に体験し、喜びや楽しさを共感する。
- ひもの巻き方を教える。芯のところは強く、後は軽く巻く。
- 「長生きコマ遊び」「ガチンコ勝負」など、仲間と楽しむ遊びが技を磨き、子どものやる気につなげる。

綱渡り

がちんこ勝負

手回しゴマ

活動を楽しむために

- 自分の成長を認めるために「コマライセンス表」を作成し、シールを張り付けることや、ライセンス（名刺サイズでラミネート加工で作る）をゲット！することで、子どもたちのやる気がうまれる。
- 自分へのチャレンジをするために、友だち同士のけん玉技勝負でライバル意識を楽しむ。
- 自分の遊び目標を自分で作成し、保護者をびっくりさせる発表会を行うことで、練習＝努力ともっと難しい技のチャレンジ精神が芽生える。
- 学童クラブ以外の名人との連携（イベント・体験コーナー）によって、新しい技の発見やチャレンジなどのスキルアップにつながる。

ちょこっとエピソード

コマを盾投げでひもの上で回す技。「水車」「肩掛け」「腰掛け」「足掛け」「股掛け」などの12回連続技記録をもつOB（卒業生）のM君。小学校1年生の頃から「コマ遊び」が大好きで、ほかの遊びは何もしない。でも、「綱渡りコマ名人！」という仲間たちの思いが自信になっていました。3年生でSケン（集団遊び）を始め、5年生のときはドッチボールで速い球を投げるようになり、中学校では100m走トップになりました。自己肯定感って何？　自立に向かわせるためには、ポジティブな言動をみんなで認めることにより、少しずつネガティブは消えていくんだと思うのです。

(Y)

作業療法士の視点から

「伝承遊び」
② コマ

遊びに含まれる要素

運動の要素

力加減に注目！　　　　　　　　　　　　　　　→ p.40

コマの一番の難関はひもを巻きつける作業です。短かめにひもを持ちながら指を滑らせクルクルと巻きつけていきます。このときひもが緩まないように、また絞めすぎてほどけないように指先の筋肉や関節は「ちょうどいい加減」の力を調節しています。

両側協調・順序立てに注目！　　　　　　　　　→ p.41

スムーズにひもを巻くには2つのポイントがあります。1つ目は両手の協調性。ひもが巻きやすいように利き手の動きに合わせて、非利き手の手首を動かしてコマの角度を調節しています。2つ目は工程を手順通りに踏むこと。①心棒にひもの輪をかけて引っ張り、②ひもを裏にまわして心棒の根本にしっかりと巻きつけたあと上に向かって2回巻きつけ、③ひもを下におろし溝に沿って巻きつけていきます。

①心棒にひもの輪をかけて引っ張る

②ひもを裏にまわして心棒の根本にしっかり巻きつけたあと上に向かって2回巻きつける

③ひもを下におろして溝にそって巻きつけていく

Re: ちょこっとエピソード

12回連続記録をもつMくん。絶妙な力加減に巧みな両手さばきをもっています！「同じ遊びしかない」別名「興味関心のある遊びの匠」。成功体験は自信となり仲間から認められることで、次々と新たなチャレンジへと向かう力になったのでしょう。

コマにひもをクルクル巻きつけよう！
いろんな形・大きさ・種類のコマに合わせて両手さばきを磨こう！

こんな様子がみられたら

ひもを上手く巻きつけられない

　ふにゃっとひもが緩む、ギュッと力を入れ過ぎてひもがほどけてしまう場合、どれくらいの力で引っ張っているのかが、わかりづらいのかもしれません。また、指先や両手を滑らかに動かせない場合は、動きがかたく時間がかかったり、ひもを重ねて巻いてしまうこともあるでしょう。

➡ 子どもの手を取り一緒に巻く、または巻いた状態で渡すことから始めてみましょう。コマ自体を楽しめるように、指先で軸をひねって回す❗「どんぐりコマ」や両手で引っ張る「ぶんぶんゴマ」、両手で軸をすり合わせて回す「手回しゴマ」、ひもを引っ張るだけで簡単にまわる「糸引きゴマ」、回すと自動的にひもが巻かれるコマなど、いろんな選択肢を準備すると自分に合ったコマを選ぶ楽しみもできていいでしょう。

ひもを巻く方向を忘れてしまう

　固有受容感覚には、とても便利な「運動の記憶」という役割があります。私たちは同じ動きを繰り返すことでカラダが記憶し、次から考えなくてもオートマチックに動かせるようになります。固有受容感覚が感じにくいと手順をカラダで覚えることが難しく、時間が経つと「はじめて」に戻ってしまいます。

➡ 毎回マニュアル操作が必要な場合、外側に巻く際には「の」の字、「時計まわり」など、経験に基づいたイメージしやすい言葉をかけたり、ひと目でわかるようにコマ本体に矢印をつけるという工夫もできます。

OTが考える！ 遊びの展開例

「巻きアート」：いろんな物にひもをクルクル巻きつけてみよう！ 包帯やゴムひもなど弾性のあるものや、凧ひもに毛糸などいろんな太さや長さ、弾性の素材を選択できるよう準備し、空き缶や紙コップ、枝やラップの芯などいろんな大きさや形の物が変化していく様子を楽しみながら巻いてみましょう。

(Ma)

 「伝承遊び」
けん玉

- 本体の皿と球をバランスよく乗せる方法を身につける。
- バランスよく上げるための「膝の曲げ」を身につける。
- 「皿と球」「球とケン」「本体と球」など、簡単な技から難しい技にチャレンジする。
- けん玉遊びでできた自信・喜び・認め合いを、他の子どもたちのサポートにつなげていく。

👑 活動への導入

- みんなが遊べるだけのけん玉を準備しておき、けん玉を片づける場所の約束をする。
- 初めてチャレンジする子には、「ろうそく落とし勝負」や「カブトムシ長生き勝負」などで導入する。（写真）
- 本体の持ち方を教え、球を皿に乗せる体験をわかりやすく教えていく。
- 初めてチャレンジする子には、乗せ方、バランス、力の入れ方をわかりやすく教えるために、後ろから手を持ち、一緒に体験させる。
- 「球の移動」と「膝の曲げ」をわかりやすく教える。「球の下から上への皿に向けた移動」と、「皿に乗せるとき」に膝を曲げる。

👑 活動を楽しむために

- 自分の成長を認めるために「けん玉ライセンス表」を作成し、シールを張り付けることや、ライセンス（名刺サイズでラミネート作成）をゲット！することで、子どもたちのやる気がうまれる。
- 自分へのチャレンジをするために、友だち同士のけん玉技勝負でライバル意識を楽しむ。
- 自分の遊び目標を作成し、発表会で保護者をびっくりさせる技を行うことで、練習＝努力と、もっと難しい技のチャレンジ精神が芽生える。
- 学童クラブ以外の名人との連携（イベント・体験コーナー）によって、新しい技の発見や、チャレンジなどのスキルアップにつながる。
- インターネットの「けん玉検定」では、幼い子どもたちでも、けん玉が好きになれるように簡単な技検定を作成しています。子どもたちの発達に向けた捉え方も紹介されているので、ぜひ、お試しください。

ちょこっとエピソード

「ただいまー！」の前に、「世界一周やるかー！」と学童に帰ってくるなり、やる気満々のU君。集中するカッコよさ！ 散歩するときも、集団遊びするときもけん玉を首にブラ下げて、いつでもやる気満々。うん？ あれっ？ ブラ下げてるけど、練習してねぇーな。これも、最近の子どものファッション感覚か……（笑）。

（Y）

作業療法士の視点から

「伝承遊び」
けん玉

遊びに含まれる要素

運動の要素

力加減に注目！ → p.40

　玉を緩すぎず、強すぎず、ちょうどよい高さになるように、真上にひょいっと引き上げることができるのは、肘の筋肉や関節（固有受容感覚）が力の加減を調節してくれているからです。また、上から玉が落ちてくると同時に膝を曲げて皿でキャッチすることで、玉が皿に当たったときの衝撃をフッと和らげます。くり返しうまくいかなかったときや、うまくいったときの感覚を経験するなかで、玉の高さや動きに合わせてパッと動きを修正できるようになります。

順序立てに注目！ → p.41

　けん玉は膝を曲げた状態から、膝を伸ばすときの反動で、玉を真上に引き上げます。また、玉の動きを目で追いながら皿やケンの位置を調節するなど、目と手の協調性も必要です。そして、持ち手で玉の重さや軌跡を感じながら全身でリズムをとります。連続技はこれらの運動が無意識にできるからこそ、滑らかにテンポよく行えます。

Re: ちょこっとエピソード

　散歩に行くときもみんなで遊ぶときも、いつでもけん玉を持ち歩くけん玉少年U君。練習しなくてもいいくらいカラダが、力加減やいろんな技の動きや手順を記憶してくれているのかもしれませんね。もうカラダの一部なのかも？

> けん玉のポイントは膝の屈伸。膝の動きを使って玉の動きをコントロールし、色んな技にチャレンジしてみよう！

こんな様子がみられたら

玉を真上に引き上げることができない

けん玉に初めてチャレンジすると大体、玉をブンブンと振り子のように飛ばしたり、力加減がつかめずはじかれたり、逆に勢いが足りず皿まで届かなかったりします。

➡ まずは膝を曲げ、伸ばしたときの反動を使って真上に引き上げる練習を通して、玉の重さや動きを感じることから始めてみましょう。

玉を皿に乗せることができない

膝を曲げて衝撃を和らげる感覚や玉を皿にのせている感覚がつかみづらいのかもしれません。

➡ 紙コップでピンポン玉やアルミを丸めたボールなどを入れて、高く上に飛ばしてキャッチしてみましょう。膝の屈伸する感覚をつかむ練習になります。

ろうそく落とし勝負

❗「ろうそく落とし勝負」は、互いに皿から玉を落とさないようにそーっと力をコントロールするため、玉を皿に乗せている感覚をより意識することができます。また、玉を皿に乗せた状態で軽くポンポンと球を上に飛ばして皿に乗せることをくり返してみましょう。皿で受ける感覚がつかみやすくなります。

OTが考える！ 遊びの展開例

「けん輪」：深さや広さがあるため成功しやすく、苦手意識のある子どもや不器用な子どもへの導入にもいいでしょう。輪の向きによって棒の向きを予測し変えるなど、運動を順序立てて実行する力を育むことができます。

「ペアでけん玉」：けん玉で上手に連続技ができるようになったら、友だちと一緒にうたを歌いながら、また互いにクイズを出しあいながら技を競ってみましょう。同時に2つ以上に注意をむける必要があるので難易度がアップします。

(Ma)

「伝承遊び」
ゴム跳び

ねらい

- ●長いゴムを使い、跳んだり、跳ねたり、跨いだり、くぐったりして楽しむ。
- ●歌に合わせて跳んだり、跳ねたり、またいだりして楽しむ。
- ●友だちと一緒に歌に合わせて跳んだり、跳ねたり、またいだりして楽しむ。
- ●室内でも遊ぶことができる。

活動への導入

- 裁縫用の平ゴムまたは、輪ゴムを利用して、子どもと一緒につなげて長いゴムをつくる。
- ゴムを持つ人と、跳ぶ人との順番を決める。
- 両足跳びや足かけ跳び、後ろ跳び、逆立ち跳びなど、高さに応じて跳び方を変えていきます。

活動を楽しむために

- ゴムひもの高さを変える目安。
（地面すれすれ→すね→ひざ→腰→胸→肩→頭→頭上）
- 低い高さのときは、最初に跳ぶ人の跳び方（たとえば、跳びながら向きを変えたり）を、みんなで真似しても楽しい。

いろいろな跳び方

1. 正面跳び（走ってきて、正面を向いて跳び越す）
2. 女跳び（回転しながらジャンプして、後ろ向きに跳び越す）
3. 男跳び（ハサミ跳び。斜めに走ってきて、横向きに跳び越す）
4. かえる跳び（手をついて、足を振り上げ、ゴムの向こう側に足をつけて立ち上がる）
5. 足かけ跳び（右足をゴムにかけて、左足でケンケンをして跳び越す）
6. 手かけ跳び（手でゴムを下す。その後は足かけ跳びと同じ）
7. 回転跳び（側転して足でゴムを引っ掛け、向こう側へ行く）
8. 両足跳び

- ゴム段
- 歌に合わせて（みんなで合わせて）

ちょこっと エピソード

　順番を守れなくて先に跳んでしまう子、真似をして跳ぶことを嫌がる子など、待つことが苦手ですぐに跳びたがる子どもたちがいます。そのときは人数を少なくして、グループを増やすことがあります。また、待つ場所やスタートする位置にしるしをするなどの工夫をしています。

（K）

作業療法士の視点から

「伝承遊び」 ゴム跳び

遊びに含まれる要素

運動の要素

姿勢保持・順序立てに注目！　　→ p.38

　ゴムを跳び越すには、膝を曲げて足に力を入れ「えいや！」と踏み切り、高くジャンプします。そして、ゴムに引っ掛からないように足を曲げて、空中で姿勢を保ちます。着地の際には、姿勢が崩れないように、カラダの筋肉をギュッと働かせて、両足でしっかりと体重を支えます。カラダの軸がぶれてしまうと、バランスを崩して転んでしまうかもしれません。ゴムの高さが低いと姿勢を安定させることが簡単です。高くなると、ちょっと難しくなります。

両側協調・順序立てに注目！　　→ p.41

　両足同時にゴムを跳び越すときには、両足を協調させてジャンプします。側転をしてゴムに足をかけるときには、逆立ちをするような格好になり両手を地面について、足にゴムを引っかけます。このとき、足が伸びていないとゴムがかかりません。また、軸足で踏み切る、反対の足で振り上げる、跳び越す、着地するといった順に運動を順序立てます。

瞬発力が大切。足にグッと力を入れて、高く跳び越えよう！
両足を同時に動かしたり、タイミングよくカラダを使って跳ぼう！

こんな様子がみられたら

ゴムを跳び越すとき、足が上がらない

　筋肉の張りが弱いと、瞬発的に力を発揮することが難しくなり足が上がらない子どもがいます。
➡ 低い位置から跳び越したり、支援者が「いち、にの、さん！」と合図をして、子どもの手を持ち、引き上げたりするとジャンプしやすいと思います。また、トランポリンがある場合、両足ジャンプの練習をして、コツを得てからゴムを跳び越すという流れにすると行いやすいかもしれません。

側転のとき、足が伸びない

　膝を伸ばしておく力が弱かったり、身体図式が曖昧であったりすると足がピンと伸びていないことがあります。とくに足は目で確認できないため、イメージしにくいです。動きのある中では、足の伸び具合を知ることはさらに難しいと思います。
➡ 支援者が子どもの足を持って逆立ちさせると、足が伸びた状態を意識しやすくなります。支援者が側転時の足の状態について教えたり、スマートフォンなどで動画を撮ったりして、子どもと一緒にカラダの状態をチェックするとイメージしやすいと思います。

OTが考える！ 遊びの展開例

「連続ジャンプ」：単発のジャンプだけでなく、ゴムをいくつか張っておき、連続してジャンプするのもおもしろいでしょう。たとえば、正面跳び→女跳び→男跳びの順にジャンプすると、カラダの動かし方が変化するため、より順序立てる力を高めることにつながります。また、それぞれの子どもに跳び方を考えてもらうように促すと、遊びの想像性を高めることにつながります。

「とんでくぐって」：ゴムを跳び越すだけでなく、ゴムを跳び越してからくぐる遊びもおもしろいと思います。くぐることで、自分のカラダの大きさを感じることができます。越えてくぐるのに時間を計るようにすると、より効率よく動く必要があるため、順序立てる力が高まるでしょう。

「歌に合わせて」：歌を歌いながらゴム跳びをする遊びもあります。リズムに合わせて、ゴムをまたいだり、足に引っかけたりすると、単発で跳び越すよりもさらに難易度が高くなります。いくつかの運動が連続するため順序立てる力が高まります。

(Mo)

「伝承遊び」
縄跳び

- 「跳ぶ」（浮遊感など）ことの心地よさを感じる。
- 腕をしっかりと動かして縄を回し、タイミングをはかって跳ぶ。
- 仲間がする技に「やってみたい」とあこがれ、惹かれ合いながら遊ぶ。
- より難しい技ができたり、だんだんと跳べる回数が増えたりして上手になっていくことの喜びを感じる。

ちょこっとエピソード

「8重跳びしたー！ 見てー！」と言ってきた女の子。「えっ！ 8重だって!?」と最初は驚いたのですが……まさかの長縄を3回折り畳んで8本にして、それを跳んだだけの「8重跳び」（笑）。でも遊びって、こんなふうに自由な発想で楽しむものだな〜と思いました。

活動への導入

- 「縄自体が重い縄」「縄の真ん中に重りをつけた縄」「取っ手に重りをつけた縄」など多様な縄を用意し、自分が跳びやすい縄を選べるようにする❶。
- 真ん中の人がグルグル回って縄を回して周りの人が跳んだり、誰かが縄を回してミニ大縄をして跳んだり、いろんな跳び方を楽しみ、"縄を跳ぶ"ことに親しむ。

活動を楽しむために

- 「跳べる」-「跳べない」や「こんなふうに跳ぶ（のが正しい）」といった型にとらわれない多様な跳び方を考え、発明しながら、それを仲間と共有して仲間と遊ぶことの楽しさを感じる。
- 仲間に惹かれ、仲間と交わり、関わりながら遊ぶ楽しさを感じられるように、2人跳びやリレー、サバイバルなどで遊ぶようにする。

＼遊びのバリエーション／

- 「2人で跳ぶ」（ちょっと長めの1本の縄を2人で持って跳ぶ）
- 「めざせ○○回！」（仲間と合わせて100回などの回数を決めて跳ぶ）
- 「縄跳びリレー」
- 「縄跳びサバイバル」（誰が一番長く跳ぶか）

＼高学年向けに…／

- 1人技では「二重跳び」「三重跳び」など、また、複数人技では「2人で一緒に○○回跳ぶ」など、だんだんと高度で難しい技になっていく「認定表」を作って取り組んでみるとおもしろいでしょう。

(N)

作業療法士の視点から

「伝承遊び」
⑤ 縄跳び

遊びに含まれる要素

運動の要素

姿勢保持・バランスに注目！　→ p.38

　いかにまっすぐ跳び上がり、バランスをとり続けるかが、前跳びのポイント。前かがみにならないように気をつけて、背筋を伸ばして跳びましょう。姿勢を保ちながら跳ぶときには、体幹の筋肉がしっかり働いています。足裏をつけて跳ぶと、重心が後方に下がって跳びにくくなるので、つま先で跳ぶようにします。

両側協調に注目！　→ p.41

　前跳びは、左右対称の動作です。縄を回すとき、左右の手がバラバラに動くと縄がきれいに回りません。左右の手、左右の足の動きをそろえます。カラダの軸を中心にして、左右同じリズムで動かすことが肝心です。

順序立てに注目！　→ p.41

　両手で「回す」動きと、両足で「跳ぶ」動きをうまくつなぐことで、「回しながら跳ぶ」ことができます。縄を回す動きにタイミングを合わせて跳びましょう。順序立てが苦手な子どもは、「回す」と「跳ぶ」をぎこちなく繰り返しているかもしれません。縄を肩の動きで回すと、縄が遅れて回ってくるため、タイミングがずれやすくなります。

こんな様子がみられたら

ジャンプが乱れる

　姿勢バランスが未熟な子どもは、カラダの軸がぶれやすく、跳ぶたびに着地点がずれるかもしれません。
➡ 縄跳びを四角や丸の形にして地面に置き、その枠からはみ出さないよう、真上に跳ぶ練習をしてみましょう。カラダの軸が安定します。連続して跳べるようになったら、手の動きをつけて「エアー縄跳び」をしてみるのもいいですね。

縄を「回しながら跳ぶ」という、両手両足の協調運動。
しっかりと姿勢を保って、リズミカルに跳び続けよう。

縄をうまく回せない

両手の動きはそろっていますか？　肩で回すと左右差が生じやすく、縄の軌道が安定しません。

→ 脇をしめて、肘（手首）で回すようにします。脇の下に帽子や丸めたタオルなどを挟んだまま回すと、脇をしめる感覚をつかめるかもしれません。「プロペラまわし」などの遊びで、その感覚を体験するのもいいでしょう。グリップを長くして、回しやすくする工夫もあります。縄のたわみが減って、楽に回せますよ。

プロペラ回し

グリップに紙を巻く工夫

Re: ちょこっとエピソード

縄8本は回し甲斐があったでしょうね。❶「縄自体が重い縄」「縄の真ん中に重りつきの縄」「取っ手に重りをつけた縄」なども、重さによって回す動きを感じやすくなります。いろいろな縄を回して、回し心地を感じてみるのも大事なことです。

リズムよく跳べない

動作をスムーズにつなぐことが苦手なのかもしれません。

→ 「ケンパ」「グーパー跳び」「前後・左右跳び」などの遊びは、両側協調とリズミカルなジャンプを身につけるのに役立ちます。タイミングの取り方は、「大縄とび」でも経験できます。広いスペースがあれば「走り縄跳び」もいいでしょう。少しずつコマ送りのスピードを速めるイメージで。

OTが考える！　遊びの展開例

「めざせなわとび名人」：いろいろな技ができるようになることが、縄跳びの面白さです。基本の前跳びをマスターしたら、次の技にチャレンジしましょう。「あやとび」や「交差とび」には、腕をカラダの中心を越えて使う"正中線交差"の要素も入っています。このような要素が入ることで、より両側協調が促されます。

（T）

 「伝承遊び」
大縄跳び

- 歌のリズムや回る縄にタイミングを合わせて跳ぶ。
- より難しいことができたり、だんだんと跳ぶ回数が増えたりして、上手になっていくことの喜びを感じる。
- 「縄を回す」役割を誰がどうやって担うか、ルールを考え、決めながら取り組む。
- （必ず）自分の番が来る見通しや、次はどのくらい跳べるかという期待感（ワクワク感）をもちながら、自分の順番を待つ。
- みんなでやり遂げる達成感を感じたり、みんなで数をつなげていく楽しさを感じたりする。

活動への導入

- 跳び方にはこだわらず、縄をくぐり抜けたり、回転して跳んだり、多様な抜け方や跳び方を楽しむようにする。
- 跳ぶ場所がわかりやすくなるように地面に枠などの目安を書く。
- 縄に入るタイミングがわかりやすくなるように、「はい！」と声をかけたり、背中を「トン」と軽く押したりする❶。

- 「通り抜けるだけ」「最初から中に入っていて、その場で跳ぶだけ」❷など、段階をつけることで、まずは一人ひとりが「できた！」を感じて、縄跳びそのものを楽しめるようにする。

活動を楽しむために

- 「跳べる」－「跳べない」や「こんなふうに跳ぶ（のが正しい）」といった、型にとらわれない多様な跳び方を考えながら、それを仲間と共有して、仲間と遊ぶことの楽しさを感じる。
- 「みんなで何回跳べたか」を表やグラフにしながら、みんなで遊ぶ楽しさややり遂げる達成感を感じられるようにする。

遊びのバリエーション

- 「大波小波」
- 「くまさんくまさん」
- 「ゆうびんやさん」
（普通→速達［縄を早く回す］）
- 「いちわのからす」
- 「8の字」

高学年向けに…

- もっと難しいことに挑戦して「手応え」を感じたい子たちには、縄を2本使った「ダブルダッチ」をしてもおもしろいです。また、跳ぶ人にタイミングを合わせながら回す、難しい「持ち手」役を、"いっぱしの大人役"として任せてみると下級生が跳べたときにもうれしくなるでしょう。

ちょこっとエピソード

ダブルダッチをじっと見ていたけど、やらなかった3年生女子を、間をおいておやつの後に誘ってみるとやることになりました。跳び始めた彼女ですが……跳べたのは……1回だけ。すると、一緒に遊んでいた5年生の女の子が彼女に「やったー『1回』できたやん！　凄いやん！」「できるようになるって楽しいよねー！」と声をかけてくれました。彼女はもちろん保護者のお迎えが来ても帰りませんでしたとさ（笑）。

(N)

作業療法士の視点から

「伝承遊び」
大縄跳び

遊びに含まれる要素

運動の要素

身体図式に注目！　　　　　　　　　　　　　　　　→ p.39

　縄の中央は縄が大きく回りますが、両端は縄の軌道が小さいうえに、持ち手に向かって縄が上がっていきます。そのため、端に行くほど足を高く上げて跳ばないといけませんね。身体図式があいまいなうちは、跳び足りずに引っかかってしまったり、逆に跳び上がりすぎたりします。何度もチャレンジして、縄の動きや高さに合わせた身のこなしを身につけましょう。

順序立てに注目！　　　　　　　　　　　　　　　　→ p.41

　縄の動きを予測して、「走る→跳ぶ→走る」というように、動きを切り替えます。たとえば「ゴム跳び」の場合はゴムが静止していますが、大縄跳びの場合は動いている縄にタイミングを合わせないといけません。自分も対象物も動いているため、タイミングの難易度が高いといえます。自分なりのタイミングの取り方をみつけましょう。

大縄に出入りするタイミングをつかもう。
いろいろな跳び方を楽しむうちに、身のこなしが軽くなっていく！

こんな様子がみられたら

うまく入ることができない

タイミングをとることが苦手なのかもしれません。
→「大根切り」や「大波くぐり」などの"通り抜け遊び"から始めてみましょう。タイミングをとるための手がかりは人それぞれなので、いろいろと試してみましょう。たとえば、❶「はい！と声をかけてもらう」ことや「背中をトンと押してもらう」ことが助けになる子どももいれば、「縄の中央につけた目印をみて」「持ち手の腕の動きをみて」タイミングをはかる子どももいます。

> **Re: ちょこっとエピソード**
> ダブルダッチの達成感は格別ですね。ダブルダッチは、二本の縄の動きを把握してタイミングをとらないといけないため、難易度がグッと上がります。そこで、二本の縄を「別々の色にしたらいいやん！」と提案してくれた子どもがいました。なるほど！それもいい手がかりになります。

入れるが、すぐにひっかかる

「走る→跳ぶ」といった動作の切り替えが苦手なのかもしれません。
→❶「最初から中に入っていて、その場で跳ぶだけ」の段階から導入するといいですね。出入りのタイミングは気にせずに、中央で跳び続けるだけでOK。これなら、あこがれの「ダブルダッチ」だって体験できます。1人でもいいですが、2人3人で手をつないでリズムを合わせて跳ぶと、スゴ技に見えますよ（これは、持ち手役の技術次第。上級生にうまく回してもらいましょう）。

OTが考える！ 遊びの展開例

「三角跳び」：持ち手役3人が両手に縄を持って三角形を作り、同時に縄①②③を揺らします。「①を越えて中へ→②を越えて外へ・折り返して中へ→③を越えて外へ」というように、寄せては返す縄を次々に跳び越えていきましょう。素早く方向転換をして、縄の動きにタイミングを合わせないといけません。順序立てが難しくなりますね。途中で立ち止まらずにクリアできるかな。

(T)

「伝承遊び」
No.7 皿回し

 ねらい

- 「皿を回せたら楽しいだろうな！」「（見たことしかない）こんなことできたらおもしろそう！」という期待感をもつ。
- 棒と皿を片方の手でそれぞれ持ちながら回し始め、棒でバランスを取りながら皿を回す。
- （回ってない皿は棒から落ちるのに）回っている皿は棒から落ちない不思議さを感じる。
- 回らない時のもどかしさや歯がゆさ、悔しさを大人や仲間と共感する。
- 回せなかった皿が回るようになったり、素早くや長く回せるようになったり、より難しい技ができるようになっていく手応えや喜びを感じる。また、そんな仲間の姿に気づき、仲間と共にお互いの成長を感じ合う。
- 仲間と一緒に遊びながら、もっといろんな技ができたり、いろんな遊び方ができたりして、楽しくおもしろくなることを感じる。

ちょこっとエピソード

　皿回しが大好きな6年生男子と、なぜかお互いの頭に皿を乗せ合う遊びになりました。彼が私の頭に7枚もの皿を乗っけたところで、6年生女子から「ディアボロも！」と言われて、さらに彼はディアボロ（中国ごま）まで乗せ出して……(笑)。
　他にも「クリスマスツリーの上（のとがったところ）で皿回るかなー」とやり始めた子も……(そして、なんと回りました!!)。子どもの発想は自由で、遊びって本当に "なんでもあり" です。

👑 活動への導入

- いろんな素材の棒や自分の好みの色ができるように、いろんな色の皿を用意する。
- 皿回しの「達人」や身近な仲間の実演、動画を見せたりする。
- 誰かの回した皿をもらって、棒や自分の指で回したり、棒ではなく手で皿を回し始めたりしながら、とにかく皿を回す楽しさやおもしろさを感じる。

👑 活動を楽しむために

- 棒よりも自由に動かしやすい指で皿を回すことも大事なステップのひとつ。とにかく「皿をクルクル回す」ことの楽しさを感じることを大切にする。
- 普段はなかなか扱わない、「棒」や「皿」を使って、さまざまなおもしろい遊びをやってみる。

\ 遊びのバリエーション /

- 「バランス」（皿を回したまま棒を指の上に乗せてバランスを取る）
- 「ダブル皿回し」（両手で2枚回す）
- 「ジャンプ＆キャッチ」（皿を上に跳ね上げてそのまま取る）
- 「ジャンプ＆リバース」（皿を上に跳ね上げてる間に、棒をクルッと上下逆さにして皿を取る）
- 「クロス」（2人以上で皿を渡して、お互いに相手の皿をキャッチする）
- 「皿"じゃないもの"回し!?」（ハロウィンのカボチャ型のバケツを回した子も……）

\ 高学年向けに… /

- 「親友」「同じ（似た者）」を意識し始めるお年頃の高学年には、「2人技」「3人技」なんかを提案してみてもいいでしょう。自分ができたときに限って相手ができなかったり……相手ができたときに限って自分ができなかったり……お互いの気持ちを感じながら、できたときには、それはそれは、うれしそうにハイタッチしちゃって、喜び合う姿が見られるかも。

(N)

作業療法士の視点から

「伝承遊び」
皿回し

遊びに含まれる要素

運動の要素

姿勢保持・バランスに注目！　→ p.38

　皿回しで大事なのは棒の扱い方ですが、腕や手首だけで棒を動かしているわけではありません。実はカラダ全体で皿を回しています。体幹や頭などカラダの中心が安定し、微妙にバランスをとっているのです。このように、手の動きに合わせて無意識のうちに姿勢がセットされることを"姿勢背景運動"といいます。遊びのバリエーションで紹介されているさまざまな技も、この姿勢背景運動が支えになっています。

身体図式に注目！　→ p.39

　どんなふうに棒を動かせば、うまく皿を回すことができるのか。その情報源が、棒の先の皿まで延長された身体図式です。回し始める時には、棒の先で皿底の縁をなぞるように回しますが、棒が縁に当たっている感じやなぞっている感じ、皿が回り始めた感じなどを、まるで棒の先に自分の指の感覚があるかのように感じています。棒と皿がカラダの一部になったようですね。

力加減・順序立てに注目！　→ p.40・41

　回し始めるときのコツは、棒を動かす力とスピードの加減です。力を入れて回しすぎると皿が飛んでいってしまうし、かといって力が弱いと皿が回りません。棒をまっすぐに構えたら「①優しくゆっくりと回し始め→②徐々に力を入れてスピードを早め→③力を抜いて止める」と、うまくいきます。このように、棒先で感じた皿の動きに合わせて力を加減することで、皿が加速度をつけて回り始めます。

皿から棒へ、棒から手へと伝わる動きを感じ取ろう。
棒使いのコツをつかめば、誰もがジャグラー！

こんな様子がみられたら

棒を使って回すことができない

誰でもはじめから回せるわけではありません。何度も皿を飛ばしたり落としたりしながら、棒を扱う力加減や手首の動かし方などを修正していきます。

➡ ❗「誰かの回した皿をもらって、棒や自分の指で回したり」「棒ではなく手で皿を回したりする」ことは"皿と一体となった感じ"をつかむのに役立つと思います。言葉や図での具体的説明が助けになる子どももいます。付録のガイドブックなどを見ながらやってみるのもいいでしょう。

OTが考える！ 遊びの展開例

「皿回しシュート」:「ジャンプ」の技を使って遊んでみましょう。棒上で回っている皿を、ゴール（かごや箱）をめがけて振り入れます。サッカー好きの子どもたちは、PK戦ふうに戦ってみても面白そうです。皿を回してセットする役と、皿を受け取ってシュートする役を分担すれば、自分で回すことが難しい子どもも参加することができます。

「リボン回し」: 棒を持つと振り回したくなる子どもたち。棒の先に長いリボンをつけて、波・円・8の字などを描いてみましょう。高さや大きさ、動きの速さや強さを変えながら、魔法使い気分？を楽しんで。手首がしなやかに動けば、リボンもしなやかに動きますよ。

(T)

プロフィール

監修者●太田　篤志（おおた　あつし）
株式会社アニマシオン・プレイジム代表、姫路獨協大学医療保健学部客員教授。日本感覚統合学会理事、日本スヌーズレン協会理事、日本自閉症スペクトラム学会理事。著書に『手先が不器用な子どもの感覚と運動を育む遊びアイディア──感覚統合を活かした支援のヒント』（明治図書）2017年、『イラスト版発達障害児の楽しくできる感覚統合──感覚とからだの発達をうながす生活の工夫とあそび』（合同出版）2012年ほか

編著者●

森川　芳彦（もりかわ　よしひこ）〈Mo〉
専門学校川崎リハビリテーション学院作業療法学科。認定作業療法士、日本感覚統合学会インストラクター。共編著書に『学童期の作業療法入門──学童保育と作業療法士のコラボレーション』（クリエイツかもがわ）2017年。

豊島　真弓（とよしま　まゆみ）〈T〉
古賀市子育て支援課こども発達ルーム。特定非営利活動法人子どもパートナーズHUGっこ。作業療法士、特別支援教育士、日本感覚統合学会インストラクター

松村　エリ（まつむら　えり）〈Ma〉
フリーランス作業療法士。大阪府太子町子育て支援課非常勤職員、桜井市立学校教育支援員、桜井市巡回発達相談事業専門員。

角野いずみ（かどの　いずみ）〈K〉
保育士。岡山県津山北小ひなづる児童クラブ施設長、主任指導員。全国学童保育連絡協議会副会長、岡山県学童保育連絡協議会副会長、特定非営利活動法人オレンジハート理事、子どもの権利条約31条の会員。執筆書に『子ども白書2016』（本の泉社）2016年、『学童保育研究16』（かもがわ出版）2015年。

鍋倉　功（なべくら　いさお）〈N〉
社会福祉法人紅葉会　学童保育よりどりちどり館施設長代行、放課後児童支援員。特定非営利活動法人学童保育協会理事、子どもの権利条約31条の会員。共著書に『遊びをつくる、生活をつくる。──学童保育にできること』（かもがわ出版）2017年。

山本　隆（やまもと　たかし）〈Y〉
一般社団法人南風原子どもオンリーワン代表理事。学童クラブわんぱく家、学童クラブうーまく家主任指導員。学童クラブ支援員歴約30年。沖縄県学童保育連絡協議会副会長。著書に『よく遊び　よく遊べ！』（ボーダーインク）2000年。

＊〈アルファベット〉…「Part 3 子どもの発達を促す感覚統合遊び」の執筆者表記です。

写真／学童保育執筆者の撮影・提供

学童期の感覚統合遊び
学童保育と作業療法士の
コラボレーション

2019年11月30日　初版発行

監　修●太田篤志
編著者●Ⓒ森川芳彦×角野いずみ、豊島真弓×鍋倉功、松村エリ×山本隆
発行者●田島英二　info@creates-k.co.jp
発行所●株式会社 クリエイツかもがわ
　　　　〒601-8382 京都市南区吉祥院石原上川原町21
　　　　電話 075(661)5741　FAX 075(693)6605
　　　　http://www.creates-k.co.jp
　　　　郵便振替　00990-7-150584
デザイン●菅田　亮
印刷所●モリモト印刷株式会社
ISBN978-4-86342-274-2 C0037　printed in japan

本書の内容の一部あるいは全部を無断で複写（コピー）・複製することは、特定の場合を除き、著作者・出版社の権利の侵害になります。

好評既刊本

子ども理解からはじめる感覚統合遊び　保育者と作業療法士のコラボレーション
加藤寿宏／監修　高畑脩平・田中佳子・大久保めぐみ／編著

2刷

保育者と作業療法士がコラボして、保育現場で見られる子どもの気になる行動を、感覚統合のトラブルの視点から10タイプに分類。①その行動の理由を理解、②支援の方向性を考える、③集団遊びや設定を紹介。　1800円

乳幼児期の感覚統合遊び　保育士と作業療法士のコラボレーション
加藤寿宏／監修　高畑脩平・田中佳子・大久保めぐみ／編著

6刷

「ボール遊び禁止」「木登り禁止」など遊び環境の変化で、身体を使った遊びの機会が少なくなったなか、保育士と作業療法士の感覚統合遊びで、子どもたちに育んでほしい力をつける。　1600円

学校に作業療法を　「届けたい教育」でつなぐ学校・家庭・地域
こども相談支援センターゆいまわる、仲間知穂／編著

障害という言葉のない学校をつくりたい。「子どもに届けたい教育」を話し合い、協働することで、子どもたちが元気になり、教室、学校が変わる！ 先生が自信をもって教育ができれば、障害の有無にかかわらず、子どもたちは必ず元気に育つ。　2200円

学童期の作業療法入門　学童保育と作業療法士のコラボレーション
小林隆司、森川芳彦、河本聡志、岡山県学童保育連絡協議会／編著

気になる子どもの発達を促す「作業療法」。作業療法、感覚統合の理論をわかりやすく解説、作業療法の視点から「①感覚遊び、②学習、③生活づくり」で、子どもの発達を保障する新たな学童保育の実践を拓く！　1800円

療育って何？　親子に笑顔を届けて
近藤直子、全国発達支援通園事業連絡協議会／著

2刷

障害を診断される前のゼロ歳の時期から「育てにくさ」をもつ子どもと家族を支える大切さと、取り組みを親、OT、PT、保育士、事業所、行政それぞれの視点から紹介。「療育」とは何かが浮かび上がる。　1700円

子どものかわいさに出あう　乳幼児期の発達基礎講座
近藤直子／著

4刷

子どもの「イヤ！」にはこころの育ちがかくれてる。
乳児から幼児になる1歳半の節、2歳から3歳の自我、4、5歳のこころ…4講座で発達の基本を学ぶ。　1200円

子どものねがい　子どものなやみ
乳幼児の発達と子育て（改訂増補版）　白石正久／著

2刷

具体的でやさしい記述。若い保育者・教師・親御さんへ。
発達とは矛盾をのりこえること…現実の自分を前に苦しんでいる、しかし、発達へのねがいや心を感じあえる。そんなとき、ともに前をむいて、いっしょに矛盾をのりこえていく力も生まれてくる。　2000円

凸凹子どもがメキメキ伸びるついでプログラム
井川典克／監修
鹿野昭幸・野口翔・特定非営利活動法人ぱびりす／編著　1800円

「ついで」と運動プログラムを融合した、どんなズボラさんでも成功する家で保育園で簡単にできる習慣化メソッド。
児童精神科医×作業療法士×理学療法士がタッグを組んだ最強のプログラム。

http://www.creates-k.co.jp/

■ 好評既刊本　　　　　　　　　　　　　　　　　　　　　　　　　　　　　　　　　　本体価格表示

あたし研究　自閉症スペクトラム～小道モコの場合
小道モコ 絵・文

 15刷

自閉症スペクトラムの当事者が『ありのままにその人らしく生きられる』社会を願って語りだす。知れば知るほど私の世界はおもしろいし、理解と工夫ヒトツでのびのびと自分らしく歩いていける！

1800円

あたし研究2　自閉症スペクトラム～小道モコの場合
小道モコ 絵・文

 6刷

「自分らしく生きられる社会への願いをこめて…渾身の第2弾！私の世界は表現したいことに満ち満ちています。だから、楽しんで苦労しながら書き／描き続けます。「自閉症スペクトラムと呼ばれる脳機能をもつ私」の世界は非常にオモシロイ！

2000円

特別支援教育簡単手作り教材 BOOK
ちょっとしたアイデアで子どもがキラリ☆　東濃特別支援学校研究会／編著

 8刷

授業・学校生活の中から生まれた教材だから、わかりやすい！すぐ使える！「うまくできなくて困ったな」「楽しく勉強したい」という子どもの思いをうけとめ、「こんな教材があるといいな」を形にした手作り教材集。

1500円

キミヤーズの教材・教具　知的好奇心を引き出す
村上公也・赤木和重／編著

 5刷

子どもたちの知的好奇心を引き出し、教えたがりという教師魂を刺激する、そして研究者がその魅力と教育的な本質を分析・解説。仲間の教師や保護者が、授業で実際に使った経験・感想レビューが30本。

2800円

ユーモア的即興から生まれる表現の創発　発達障害・新喜劇・ノリツッコミ
赤木和重／編著　砂川一茂＝岡崎香奈　村上公也×麻生武　茂呂雄二

ユーモアにつつまれた即興活動のなかで、障害のある子どもたちは、新しい自分に出会い、発達していきます。「新喜劇」や「ノリツッコミ」など特別支援教育とは一見関係なさそうな活動を通して、特別支援教育の未来を楽しく考える1冊。

2400円

よくわかる子どもの高次脳機能障害
栗原まな／著

 2刷

目に見えにくく、わかりにくい高次脳機能障害、なかでも子どもの障害をやさしく解説。長年リハビリテーションに携わる小児科医が、その豊富な臨床に基づき、家族・本人・支える人たちの「なに？ なぜ？ どうすればいい？」に答える。

1400円

わかってくれるかな、子どもの高次脳機能障害
発達からみた支援　　太田令子／編著

 2刷

発達段階で変わってくる困りごと。その行動の背景に、なにがあるのかに目を向けると、障害によっておこる症状だけでなく、子どもの思いが見えてくる。経験豊かな先輩ママと支援スタッフの手立ての工夫が満載。

1500円

チャレンジ！ファシリテーション・ボール・メソッド（FBM）
こころと身体のボディワーク 基礎と実践　FBM研究会／編

3刷

ファシリテーション・ボールの特徴、重力の負荷が軽減されることを利用して、触圧、揺れ、振動などの刺激と同時に、抗重力活動、バランス、姿勢の保持・静止・変換・移動、手指操作などを個々に応じてプログラム。自発的な動作を引き出していく。

2300円

http://www.creates-k.co.jp/